李海华◎主编

南方都市报出品

南都评论

2010年度精选

南方日报出版社
NANFANG DAILY PRESS
中国·广州

图书在版编目（CIP）数据

南都评论：2010 年度精选 / 李海华主编. -- 广州 : 南方日报出版社，2011.5

ISBN 978-7-5491-0212-9

Ⅰ. ①南… Ⅱ. ①李… Ⅲ. ①评论性新闻－作品集－中国－当代 Ⅳ. ①I253

中国版本图书馆 CIP 数据核字(2011)第 088663 号

南都评论：2010 年度精选　　李海华 主编

出版发行：南方日报出版社
地　　址：广州市广州大道中 289 号
电　　话：（020）83000502
经　　销：全国新华书店
印　　刷：广州市怡升印刷有限公司
开　　本：889mm×1194mm 1/32
印　　张：9.5
字　　数：200 千字
版　　次：2011 年 4 月第 1 版
印　　次：2011 年 4 月第 1 次印刷
定　　价：25.00 元

投稿热线：（020）83000503　读者热线：（020）83000502

网址：http://nf.nfdaily.cn/press/

目录

社论

名家评论

社论

SHELUN

每一声节日的问候，都在把我们唤醒

事件 2010年新年前夕，国家主席胡锦涛通过中国国际广播电台、中央人民广播电台、中央电视台，发表了题为“共创世界和平与发展的美好未来”的新年贺词，向全国各族人民，向香港特别行政区同胞、澳门特别行政区同胞、台湾同胞和海外侨胞，向世界各国的朋友们，致以新年的祝福。

观点 哪怕这是元旦，也只是万千日子中的一个，稍不留意就默默溜走了。我们只是想要找一个机会，对你表达问候，才入乡随俗地选中了今天。我们今天的问候是，希望你能入戏地小作停留，若有所思，似有所悟，问问自己在哪里。

在每一个新年的第一天，媒体都像一个个温柔的情人，竞相说着最甜蜜的话语，向她的读者深致问候。我们多么希望是其中最浪漫的一个，让祝福的话语像天使一样敲打你的门窗。

当然，这是最穷酸的礼物。那些气势如虹的同行，好比财大气粗的大佬一样，向读者抛出一堆信誓旦旦的承诺，令人羡慕不已。我们只是觉得，过去的承诺未敢忘怀，依然沉重地压在肩上。每一个元旦，真的就是一个全新的开始吗？

很想知道每一位读者，收到这份问候时的表情。有人一定早早地洒扫庭除，装点花径，恭候多时。但是对于更多的人来说，我们的问候只是一个提醒，告诉他们可以找一个理由，为生活画上一个逗号。

生活从来都是绵延不绝的山峦，或者逝者如斯的河水，每一个时间点都只是渺小于其间的一抹翠黛，或一朵浪花。这丝丝相连的时间，构成了我们的历史。我们生活在历史中而懵然不觉，每一声节日的问候，都企图把我们唤醒。

日夜劳顿的生活，让人们在每一个碎片里折腾。我们非常充实地生活在当下，斤斤计较于每一寸得失。只有那些闲来无事、目光深邃的历史学家，才把我们当作一个个历史的因子来观察。每一个新年的开始，都让我们偷偷地看到了那些老学究的一点墨痕。

躬耕劳作之余，模仿别人仰望星空之际，我们有时也会轻轻叹息，隐隐约约在问自己，如何面对生活的碎片化，又如何遥看时间的历史感？

当媒体像一个讨厌的饶舌者，在你跟着他追了一回千禧年的第一缕晨曦之后，如今又在喋喋不休地告诉你，每一个世纪的历史，其实都是从第二个十年开始的，你是不是觉得这只是无聊的聒噪？

当有学者刚刚放下文明冲突的话题，又开始谈论正在构建的互联网共和国，它将带给我们新的希望，同时潜伏着新的恐惧的时候，你是否真的无动于衷？

其实你并不像你所想象的那样抽离，每一个人都害怕迷失于历史的迷宫。我们总是希望在每一个元旦都送出一份祝愿，在每一个春节都收获一份团圆，在每一个回首往昔的时刻，都充满了欣慰。我们就这样表达了对于历史感的眷顾。

对于大多数中国人来说，不能理解也不能原谅西方人的调查中，位居前列的十年关键词竟然不是“中国崛起”。“9·11”固然令人震惊，“奥巴马”也很了不起，但是跟中国在世界舞台的演出相比，多少刀光剑影都黯淡去也。我们就这样表达了对于历史感的渴望。

其实，一方面太阳每天都是新的，另一方面太阳底下又并无新事。哪怕这是元旦，也只是万千日子中的一个，稍不留意就默默溜走了。我们只是想要找一个机会，对你表达问候，才入乡随俗地选中了今天。我们今天的问候是，希望你能入戏地小作停留，若有所思，似有所悟，问问自己在哪里。

我们的提示是，这是人类的 21 世纪，这是中国的又一个十年，这是经济危机中踉跄前行的岁末，这是政治文明和文化复苏半梦半醒的年头，这是你自己的生命中一天天增加也是一天天减少的日子。

这一天稍纵即逝，这一个游戏不会逗留，如果你觉得没有兴趣，请不要理会，直接翻看后面的新闻，条条都是硬道理。如果你有所感悟，也请自行处理，加密保存或者彻底删除。

我们给你一个问候，然后与你继续前行。

[2010 年 1 月 1 日]

公务员招录要开放，职业不平等更要消除

事件 1月5日，全国行政机关公务员管理工作会议召开。国家公务员局局长尹蔚民在会上表示，今后要坚持和完善从基层一线选拔公务员制度，充分发挥考录政策的导向作用，加大从农村、社区优秀基层干部中考录公务员的力度，探索从优秀工人、农民等生产一线人员中考录公务员的办法。

观点 现实地看，今天不同的职业之间仍然存在人为的制度鸿沟。类似于公务员体系，享有许多超国民待遇，而类似于农民等职业，则依然处在争取国民待遇的路上。这种差距的历史成因应该尊重，但现实努力不应该是固化这种差距，而应该是削减甚至消除这种差距。因此，公务员人事改革也应该在职业平权的方向上推进。

近日，全国行政机关公务员管理工作会议召开。国家公务员局局长尹蔚民在会上表示，今后要坚持和完善从基层一线选拔公务员制度，充分发挥考录政策的导向作用，加大从农村、社区优秀基层干部中考录公务员的力度，探索从优秀工人、农民等生产一线人员中考录公务员的办法。这一政策信息引来了网民的热烈回应，对公务员人事改革的动向也议

论如潮。

这种集中关注源于两方面。从公务员体系内部来说，职业发展遭遇“天花板”，近年成为一个普遍现象，显现出人事制度在职业激励上的负面效应。破除这种发展的“天花板”，成为公务员体制选人用人的急务。从公务员体系外部来说，持续发烧的公务员招考热，已经成为中国社会一大景观。偌大的国家，无分老幼、无分行业都在谈论公务员、羡慕公务员，梦想跻身公务员队伍，不免令人有时光倒流的错觉。

因此，加大力度从基层选拔公务员、探索从工人农民中考录公务员，这是公务员体系提升开放性的表现。研究中国社会流动的学者指出，自1980年以来，产业工人、商业服务员工和农民工进入国家与社会治理者阶层的几率明显下降。而扩招带来的高等教育大众化，使大学毕业生进入党政体系的机会也大大下降，“蚁族”成为群体失落的代名词。在这种社会背景之下，提升公务员招录的开放性，所引发的社会关切可想而知。

然而，公务员人事改革的关键词，又并非提升开放性所能全部涵盖。正如尹蔚民所言，随着改革不断向纵深推进，公务员制度改革到了攻坚阶段，面临一些急需解决的深层次矛盾和问题。就舆论观察进一言，这种深层次矛盾和问题，其中就有当下必须直面的职业不平等问题。公务员招录成为举国瞩目的大事，成为芸芸众生孜孜以求的去向，有志于投身公共管理固然是一说，但公务员体制在中国职业类别中的不平等优势，则是更加真实的制度现实。

因为，一个社会的职业结构同样存在是否科学合理、能否可持续发展的问题。当公务员招录强调向基层敞开大门，向工人和农民伸出橄榄枝的时候，它也同时表明了基层发展的困境，以及工人、农民这些职业群体的明显弱势。之所以说，正视和消除职业的明显不平等更加重要，乃是在于，即便所有的工人和农民都可以成为公务员，但社会的永续发展却不可能只有公务员而没有工人和农民。因此，给不同的职业以平等的制度待遇、平等的发展机会，恰恰是走向合理的社会职业结构所必须的。

现实地看，今天不同的职业之间仍然存在人为的制度鸿沟。类似于公务员体系，享有许多超国民待遇，而类似于农民等职业，则依然处在争取国民待遇的路上。这种差距的历史成因应该尊重，但现实努力不应该是固化这种差距，而应该是削减甚至消除这种差距。因此，公务员人事改革也应该在职业平权的方向上推进。在养老、失业、医疗、住房、教育等社会福利政策上逐步形成统一的国民待遇，而不是强化和固化这种职业不平等。

公务员人事改革是行政管理体制的重要部分。毫无疑问，这种改革的外部效应，势必会触及整个社会的精神激励和资源配置，进而对社会的长远发展构成深刻影响。这是公务员人事管理体制不可能闭门造车、就事论事的根本原因，也是一个现代国家的公共治理和政治伦理不能回避的问题。加大力度从基层选拔公务员，从工人、农民中考录公务员，这是公务员体系选人用人的积极探索，但也不能遗忘了消除职业不平等这一更加深刻的体制难题。

［2010年1月7日］

互联网业原应秉持先进的理念和价值

事件 11 月 3 日，腾讯和 360 纷争骤然升级。腾讯对装有 360 杀毒软件的电脑停止运行 QQ，两者互不兼容，逼迫用户二选一。奇虎 360 对应推出 WEB QQ 客户端，腾讯迅即关闭客户端的网站入口，360 随后宣布扣扣保镖下线。针对此事件的网络投票显示，超过 170 万人次投票中近八成认为两家公司均因私利而忽视用户利益。

观点 互联网曾是众望所归的新兴行业，人们期望百度、腾讯这些互联网企业能给中国社会带来新鲜的理念和价值，真正以科技的力量推动社会的进步。遗憾的是，除了看到这些企业变得越来越会赚钱之外，人们似乎并没有感受到它们所释放的理念示范和前瞻价值。

腾讯与 360 之间的恶斗仍在继续，更多相关方卷入其中。昨日，金山、遨游、可牛、百度、搜狗五厂商联合宣布，将不兼容 360 系列软件。而在工信部正式启动官方调查程序之后，北京有律师公开表示，已就腾讯公司涉嫌滥用市场支配地位、强制用户卸载 360 软件，向国家工商总局提交申请，要求对腾讯公司展开反垄断调查。针对此事件的网络投票显示，超过

170 万人次投票中近八成认为两家公司均因私利而忽视用户利益。

这场以用户利益为口号的网络拉锯，直接伤害的却是数亿用户的切身利益。这种状况尴尬地表明，中国消费者在互联网领域的“上帝”地位不过是虚幻的传说。常识告诉我们，当一个商业市场中的消费者权益不能得到切实保护，反而沦为企业竞相挟持绑架的人质，这样的市场必定是扭曲而难以持续的。腾讯与 360 之间的这场恶斗，揭示了中国互联网领域的商业竞争正处于这样的歧路节点。往何处去，这是一个问题。

囿于技术和知识局限，由普通用户来论断腾讯与 360 之间谁对谁错，显得既不客观也不可靠。目前，工信部已经正式启动官方调查程序，调查结果首先要解答的就是这个问题，腾讯与 360 公司是否侵犯了用户隐私。这个诉求与追寻它的过程呈现出一种强烈的逆反。保护用户隐私本是消费者权益之一种，而为了实现这种权益，消费者又不得不在腾讯发起的“二选一”决战中放弃自己另外的权利。这暴露了腾讯的商业伦理中并没有稳固的用户意识，而侵蚀和怠慢这种商业伦理的，极可能是腾讯在中国互联网世界的垄断性地位。

腾讯对外宣称有活跃用户 6 亿多，在国内即时通信市场的份额已经达到 76.2%。其中互联网包月付费用户 6300 万，移动及电信增值业务付费用户 2400 万，合计 8700 万付费用户。其财报显示，今年上半年总收入达到 88.952 亿元人民币，比去年同期增长 65.3%。如此显赫的业绩，证明了腾讯在中国越来越成功。但与这种巨大的成功不相匹配的是，腾讯处理行业竞争的手段却非常粗鄙，甚至未及法律程序启动，就置用户利益于不顾，强行抛出QQ与360之间的“二选一”方案。先靠用户来赢利，再把用户视为竞争炮灰，这确实看不出中国互联网企业的领军者有怎样先进的理念和价值。

回顾近年中国互联网企业的种种风波，百度搜索的竞价排名、腾讯此次的“二选一”方案，无不引起巨大争议。互联网曾是众望所归的新兴行业，人们期望百度、腾讯这些互联网企业能给中国社会带来新鲜的理念和价值，真正以科技的力量推动社会的进步。遗憾的是，除了看到这些企业变得越来越会赚钱之外，人们似乎并没有感受到它们所释放的理念示范和前瞻价值。

但中国互联网企业也并非没有清醒的声音。搜狐CEO张朝阳在评析腾讯与360的纷争时就表示，抄袭和垄断已成为中国互联网产业发展最大的问题。诚哉斯言。当抄袭就可以获得巨大的财富，且制度并不能有力阻止这种抄袭时，创新就变成了傻子才做的事情；当垄断变成堂皇的存在，并且通过制度构筑了牢不可破的利益群体时，竞争就变成了赢者通吃，顺带也要牺牲消费者的利益和尊严。这些中国市场体系中的痼疾不会自动消失，即使如互联网这样的新兴行业，不消几年便可以如法复制，打造出一个让用户利益头重脚轻的商业世界来。

腾讯与360之间的这场纷争，当然也提示了行业再造的机会。这种再造，事实上要求一个更富公心、更有远见的市场监管者出场。它既不能折损互联网市场既有的竞争一面，又能确保这个行业的健康和持续发展。更重要的是，它能确保消费者在这一领域的经济和社会权益。这场令网络用户无所适从的商业大战再次告诉我们，商业利益推动下的技术模仿是多么简单的事情，而要建设那些能驱动整个行业乃至国家持续前行的理念和价值又是多么艰巨。以科技增进价值而不止于以科技增加利润，这是互联网企业赢得公众尊重的前提。

[2010年11月6日]

“口罩男”：以理性的独特的方式参与公共事务

事件 1月21日，广州市政府在人民广场举行亚运整治工程咨询会。一名以绒线帽、口罩和墨镜全副武装的男性市民，背挂投诉标语，向路人散发自印的传单。传单表达了两点意见：一是认为目前建设太多大规模的运动场馆，会造成浪费；二是质疑广州为什么要将本来好好的花基和路沿强行敲碎，更换成花岗岩。

观点 这一举动让人不禁联想起不久前的另一桩城中奇闻——番禺网友“樱桃白”为抗议垃圾焚烧发电厂项目，披着标语、戴着防毒面具乘坐地铁，引来市民围观。这两个人都有参与城市公共事务的激情，又都是有创意的——与以往不同，是以自主的、个人化的、和平的甚至喜剧的方式引起关注，传播意见。

前天，广州市政府在人民广场举行亚运整治工程咨询会。一名以绒线帽、口罩和墨镜全副武装的男性市民，背挂投诉标语，向路人散发自印的传单。在传单中，这名市民表达了两点意见：一是认为目前建设太多大规模的运动场馆，会造成浪费；二是质疑广州为什么要将本来好好的花基和路沿强行敲碎，更换成花岗岩。简单说，这位“口罩男”认为目前的亚运工程有浪费之嫌。

“口罩男”的意见最终将会获得什么样的反馈，是否能够对政府的相关工程方案有所影响，这些尚且不知，但他的表达方式令人印象深刻。他以古怪着装引人注意，以加强自身意见的传播效果，同时也为媒体制造了新闻噱头。这一举动让人不禁联想起不久前的另一桩城中奇闻——番禺网友“樱桃白”为抗议垃圾焚烧发电厂项目，披着标语、戴着防毒面具乘坐地铁，引来市民围观。这两个人都有参与城市公共事务的激情，又都是有创意的——与以往不同，是以自主的、个人化的、和平的甚至喜剧的方式引起关注，传播意见。

这一年多来，广州市的不少市政工程和公共项目，都引起了市民和媒体的极大关注。例如广州大道绿化改造工程中一块石头两万元，例如广州机关幼儿园一年补贴 6000 万元，例如刚刚被列入保护规划的文物建筑东山洋楼被强拆，例如以环保为名的 LPG 公交车似乎并不环保，例如无比昂贵无比扰民的 BRT 项目非议不断后续无穷——昨天的新闻说，又要增投 10 亿元以拓宽。现在，“口罩男”又给我们提出一个新的议题：亚运项目是不是过于铺张浪费了？

其实，广州市的市政工程和公共项目中值得讨论商榷的话题，也许并不比其他大城市更多。之所以在广州公共话题更加活跃，只是因为广州是一个相对更加开放的城市，市政信息披露得更充分，本城媒体更活跃；还有更加重要的一点就是，广州有市民社会的传统，市民的维权意识、自主意识都很强，参与公共事务的热情也很高。可喜的是，这一年来，广州市民似乎正在表现出一种更成熟的公民精神：超越维权、超越抗议、超越愤怒、超越悲情，以理性和平的方式参与公共事务。

具体来讲，这次“口罩男”的表现有几处值得一说。

他积极利用被允许的表达机会。依照“口罩男”的说法，他之前拨打各级热线电话15次均未获响应，现在利用公开的工程咨询会的机会，在必然能见到政府相关负责人、必然能够被大批市民围观、必然能被媒体报道的时间和地点，出演“意见秀”。他的做法很有效，至少将他所关注的事件变成了一个全城热议的话题。官员有现场回应，媒体有即时报道——敷衍也罢，切实也好，所谓官民对话，这要算是一个回合，算是有些进展。

他的态度是理性的而非情绪化的，建议性的而非反抗性的。虽然是在表达不满，虽然向路人高声宣传他的意见，虽然行头相当夸张，但他没有任何过激的表现。“拯救广州吧”这句标语算是有点悲情，但并不过分。

“口罩男”所关注的事项，并不直接与他本人的利益相关。在很多地方很多时候，即便是出现了一些与个人利益直接相关的公共事项，也有许多人抱着冷漠的态度，或者是觉得自己无力改变，或者是等着其他人去努力，自己搭便车。“口罩男”则与之截然相反：纵然是众人之事，但我还是要尽力去表达和传播自己的意见，要求政府作出回应。

“口罩男”以这样的热情和方式出现在集会的广场上，证明他对自己有信心，或者说他对广州市讨论公共事务、改善公共政策的潜力有信心。广州市政府率先在网络上晒账单，广州市倾听市民的意见，宣布番禺垃圾焚烧厂缓建，广州市民和广州市媒体对本城公共事务不厌其烦不厌其详地追踪报道和讨论，都会令人有这样的信心。如果政府的开放、媒体的报道和市民的热情可以持续互相促进，那么广州市可能就不仅是市政话题最多最热闹的城市，而且可以发展为市政的民众参与度和满意度最高的城市。谢谢“口罩男”，给我们这么多令人乐观的启示——当然我们也不能因此就忘了他所关注的议题：亚运工程是否过于铺张浪费了？

［2010年1月23日］

批评监督政府：既要创造条件又要用好条件

事件 3月5日，温家宝总理在作《政府工作报告》时表示，“要深入推进政务公开，完善各类公开办事制度和行政复议制度，创造条件让人民批评政府、监督政府，同时充分发挥新闻舆论的监督作用，让权力在阳光下运行”。

观点 在努力为人民监督政府创造新的条件的同时，我们还应该注意到，不能忽视利用现有的条件。比如当下业已成形的互联网政治。如果我们一方面想方设法为人民监督创造新的条件，另一方面又对现有资源发掘利用不够，那么在监督和批评政府的问题上，就可能事倍功半，也难以达到温总理想要的效果。

在一个向最高权力机关报告工作的地方，政府首脑谈到监督问题当为题中应有之义。但今年的这一老话题又注入了强烈的新意。温家宝总理在作《政府工作报告》时表示，“要深入推进政务公开，完善各类公开办事制度和行政复议制度，创造条件让人民批评政府、监督政府，同时充分发挥新闻舆论的监督作用，让权力在阳光下运行”。“创造条件”一词让人耳目一新。

大凡提及“创造条件”，多是苦于现有条件不足。当温总理说“创造条件让人民批评政府、监督政府”时，已经隐含了一个不证自明的前提，即政府是欢迎监督的，对来自人民的监督和批评充满期待，问题只在于拓宽监督的渠道。政府的这一表态具有强烈的针对性。关于人民有无监督、批评政府的权利，这种监督与批评对权力运行和国家兴衰的作用，本毋庸多议，温总理前不久的一句“只有民主才不会出现人亡政息”已道尽其真谛。然而在现实生活中，对监督满怀戒心、抱持抗拒甚至敌视态度的政府官员仍非罕见。在他们那里，“是否需要监督”已成疑问，遑论欢迎监督。这样一些现象的存在，只会消解人民监督的热情。

温总理的报告将扭转这一局面，因为这是政策层面上的宣示。实际上丢掉对人民监督的疑虑，对官员来说也是充分利好，只有在一种开放的公共生活中，权力的让渡者与接受者才能尽情享受现代政治的妙处。可仅仅确认“人民有权监督”这个原则又是远远不够的，让高远的政治理想回到现实，还需要解决人民怎样监督才最有效的问题。温总理的“创造条件”，无疑是对这一问题的正视。从确认“有权监督”，跃进到思考“有效监督”，这是一大步跨越。鉴于这是当下经济社会发展之必需，我们只能做好跨越的准备。

由于温总理是在向人大作报告时提出“创造条件”一说，那么接下来，究竟怎样“创造条件”，就绝不仅是政府官员和公众面对的一个题目，也应该为人大代表和人大常委会所共同思考，而且在中国目前的政治架构中，要真正解决人民想监督政府又监督无门的问题，也非得最高权力机关深思布局不可。以公众最为关心、最想监督的官员财产申报为例，如果没有人大的立法，推进的难度、实践的效果不言而喻。

在努力为人民监督政府创造新的条件的同时，我们还应该注意到，不能忽视利用现有的条件。比如当下业已成形的互联网政治。据统计，公检法机关去年 60％的案件都是通过网络举报的形式发现的，其中多数涉及反腐。又比如温总理报告中提到的“新闻舆论的监督作用”。这些监督方式发展到今天，已经相对成熟，就看我们在监督和批评政府时如何巧为利用。如果我们一方面想方设法为人民监督创造新的条件，另一方面又对现有资源发掘利用不够，那么在监督和批评政府的问题上，就可能事倍功半，也难以达到温总理想要的效果。

就在温总理作报告的同一天，3 月 5 日《三湘都市报》披露的一则新闻仿佛在印证着以上判断。湖北郧西县的一位网友，在网上发帖质疑当地的形象工程，却遭到了跨县追捕。类似案例的重复出现似乎在向我们昭示：在监督和批评政府的问题上，无论是利用现有的条件，还是积极创造新的条件，在解决了监督的渠道和方式之后，最重要的，恐怕还得从制度上保证监督的效果。这种效果的取得无非源于两点：一是政府对人民监督、批评的回应善意而谦恭；二是政府面对批评有无改进，人民可以随时质询。

不难相信，只要政府欢迎监督，对监督的回应永远充满善意和谦恭，人民监督的热情必然爆棚，“有效监督”的问题也将迎刃而解。那时候监督将无处不在，哪怕在一时一地，某一种监督方式的效果小一点也无碍大局，持之以恒，必将汇流成河，从此通向政府和人民都乐观其成的善治。

[2010年3月6日]

越是讲真话难就越是要讲真话

事件 全国政协常委张维庆3月5日在讨论《政府工作报告》时痛批官场歪风。他自称从当副省长开始，做高官20年，讲真话越来越难。他认为渠道不通畅，领导听不到真话；官员对讲真话有忌惮，担心会给自己带来政治风险；解决问题，必须从高层做起。

观点 讲真话越来越难，并不代表真话失去了价值。相反，若想避免真话的全面溃退，令其在与假话的抗争中取胜，可用的良方就是讲真话。唯有讲真话，才能挽回讲真话难的局面；唯有讲真话，才能拯救真话；唯有讲真话，才能矫正人们的扭曲心理。讲真话难是我们讲真话的唯一理由。

全国政协常委张维庆3月5日在讨论《政府工作报告》时痛批官场歪风。他自称从当副省长开始，做高官20年，讲真话越来越难。他认为渠道不通畅，领导听不到真话，官场零规则和潜规则双轨运行，官员说的和做的不一样，会上和会下不一样；下面的人习惯琢磨领导讲话，而不是让讲话服从法治原则；官员对讲真话有忌惮，担心会给自己带来政治风险；解决问题，必须从高层做起。

66 岁的张维庆就讲真话难说了一些真话，他所列举的那些现象每天都在发生。甚至就在读者看报的此时，情况也一如既往的不容乐观，无数假话正在诞生，并堂而皇之地遮蔽人们的视听。其实，岂止是讲真话难，现在连公开点出这样的问题都很难，需要言说者具备相当资格与极大勇气。而这种真话被驱逐的局面，根据张维庆的亲身体验看，不仅没有松绑反而变本加厉。

张维庆是高级官员，他所说的讲真话难，其主语自然默认是各级官员。在这个系统中，盛行着一整套官话，和真话没有多少关联，却足以深刻影响到官员的自身利益。对这套官话的服从，就相当于对这个系统负责。违例者，比如用真话威胁到官话，往往会受到各种类型的惩罚，甚至断送仕途。因而，官员讲真话难，究其原因是权力内部的话语清除了真话的空间。

但讲真话难，不只是官员的感受，也不只是官场的特征。讲真话难还是社会病的典型症状，民众讲真话的处境不比官员更宽松。官场上的话语禁忌，正在系统化地扩展到社会，表现出对社会领域中真话实情的抗拒及封锁。官场讲真话难，不过是社会讲真话难的起源和缩影。讲真话，并未受到制度化的保护，却遭受制度化的排斥。这是问题的核心所在。张维庆也是点到即止。

即便是在讲真话极困难的情况下，真话还是有的，更不缺乏讲真话的人。在一个充斥谎言的环境里，真话本身就是力量。因此，可以看到各种对真话禁忌的重申和强调，遇到各种遏制真话的措施和举动。讲真话的尽管稀少，但并没有放弃；拒斥讲真话的即便遇到反对，同样不打算停下。讲真话与讲真话难并存。围绕着讲真话所发生的一切，可以比较清楚地解释讲真话难的原因。

讲真话难孤立了真话，同时鼓励了不讲真话的行为。无论是官员还是民众，也许会因恐惧而疏远真话，或凭借谎言来求取安全感。这样一来，真话就凸显出来，成了唯一被追击的对象，必欲除之而后快。讲真话难的后果不仅是压制真话，还可能降低真话在公众话语中的比重。对任何一个国家来说，真话被围剿都是一场灾难，对此必须保持足够的警觉。

讲真话难的处境提醒民众，要对假话有基本的鉴别能力。这是因为假话或托词泛滥，其势不只是要赶走真话，还希望代替真话。虚假的话语泡沫具有侵略性，禁锢讲真话的人，企图占据真话对人们的正面功能。如果周围都是谎言却无免疫能力，迟早会被谎言占领，或成为谎言的一部分。在讲真话难的情境中，一个人究竟是朝向真话还是假话，其实并无更多选择。

讲真话越来越难，并不代表真话失去了价值。相反，若想避免真话的全面溃退，令其在与假话的抗争中取胜，可用的良方就是讲真话。唯有讲真话，才能挽回讲真话难的局面；唯有讲真话，才能拯救真话；唯有讲真话，才能矫正人们的扭曲心理。讲真话难是我们讲真话的唯一理由。

[2010年3月7日]

媒体和民众应更积极关注地方两会

事件 广州市白云区第十四届人民代表大会第五次会议于3月8日～12日召开，白云区政协八届五次会议也于3月8日～11日召开。会议期间，广州各大媒体记者除了获许采访政协人大全体会议外，其他分组讨论、主席团会议、代表团审议等会议均不准记者采访。在媒体的追问下，白云区两会宣传组负责人说出了一句大实话："应该是怕你们去'捣乱'吧!"

观点 地方两会讨论的话题，与本地民众的利益相关度更高，至少分摊的份额更大，因此本地民众维护自身权益的合理性也更强，参与讨论时的主人意识也更强。如果本地民众、社会组织能够积极利用媒体和网络，汇聚意见，形成和声，极有可能影响两会议程，从而影响本地政治。

五年以前，广州市番禺区两会只接受本区媒体采访，"婉拒"省市媒体，遭到恶评。五年以后，白云区两会爆出类似的新闻，多项议程拒绝采访，并声称是该区政府领导做出的规定，是该区"惯例"。在媒体的追问下，白云区两会宣传组负责人说出了一句大实话："应该是怕你们去'捣乱'吧!"

白云区的这种做法，错得非常明显，几乎不需要阐释。拒绝采访，其实就是拒绝舆论监督，就是拒绝与民众沟通，就是妨碍公民知情权。所谓害怕媒体“捣乱”，无非就是害怕媒体将会场中的一些尖锐言论公之于众，或是将会场外的一些尖锐话题抛进会场，进而通过报道引起舆论风波。但温家宝总理在今年《政府工作报告》中所说“充分发挥新闻舆论的监督作用，让权力在阳光下运行”也正是这个意思。国家总理所要求所提倡的，正是你区政府领导要求规避的？即便是从政府的角度去看，这种做法仍然是错误的。

与之对比的是全国两会的盛况。这几年两会的媒体参与度越来越高，地方报纸、从前的“小报”，都纷纷开辟时政报道新战场，在两会期间派出自己的记者，力争做出出色报道。同时，网络新闻媒体在两会期间开辟了许多互动空间，民众的参与度也比几年前要高。另一方面，全国两会看起来对媒体也相当开放，虽然个别代表对待媒体的态度相当粗暴，但会场内外到处都是记者，铺天盖地都是与两会有关的报道。

这样一看，区级两会拒绝媒体似乎是区级政府的“觉悟”问题。舆论滔滔，省会城市的区级领导会不晓得公民的知情权、不知道媒体的监督职责？更何况，中国政府历来有上行下效的传统，中央政府从来是各级政府模仿的对象，即便“觉悟”未学到，行动也该先学到了。区级两会不敢向媒体开放，可能是因为他们在与媒体的关系中处于相对弱势的地位，这一点与全国两会有所区别。说得更直白一些，区级两会如果向媒体开放，他们很难控制媒体的报道。这对地方媒体、对关心时政的民众来说，或许是个启示：不能忽视地方两会。

全国两会聚焦的是更宏观更重大的话题，是一场自然引爆的舆论狂欢，但媒体特别是地方媒体报道的深度和广度毕竟有限，更不要说网络互动中的问题能够进入两会议程了。换句话说，讨论全国性的公共事务，民众的参与是有距离感的。而在地方两会，媒体就可以更加勇敢地追问，可以针对更为具体、利害攸关的问题追问，例如这次追问为什么不接受采访。在报道呈现和评论立场方面，媒体也可以采取相对亲近公众的态度。同时，地方两会讨论的话题，与本地民众的利益相关度更高，至少分摊的份额更大，因此本地民众维护自身权益的合理性也更强，参与讨论时的主人意识也更强。如果本地民众、社会组织能够积极利用媒体和网络，汇聚意见，形成和声，极有可能影响两会议程，从而影响本地政治。

在理想的情况下，地方媒体应该是地方政治中一股相当强势的力量，地方事务也应该是本地民众最有能力影响、最有兴趣参与的政治生活。在目前中国的政治秩序和权力格局中，地方事务也提供了媒体与民众最有可能参与其中的政治空间。可是，白云区两会拒绝采访的“惯例”竟然直到今年才被批评，这证明过去媒体对区级两会的关注非常不够，自然民众的参与更是不够。可能一切向上看已经成为官民共享的集体无意识，以致连媒体都忘了——好的政治应该是自下而上生长的。

[2010年3月13日]

热闹的韩寒，寂寞的韩寒

事件 美国《时代》周刊评选“全球最具影响力人物”，韩寒列入候选名单。《时代》对他的简介是：中国最畅销的作家，一个狂热的拉力赛车手，他写了一个超级流行的、以戏谑主流文化为乐的博客。韩寒淡看入选，并自认是一介书生，影响力虚无，没有改变社会不公。他的支持者仍在网络发起投票号召。

观点 韩寒制造了一个人的喧哗，衬托出无数人的沉默，这是不正常的。而改变的钥匙不在韩寒身上，在每一个人的手里，寄托在每一个人都能往前的脚步里。韩寒的价值是提供参照，提醒每个人要做自己的拯救者，找回失落的勇气和韧性，直面惨淡的人生，怎么指望作家或赛车手韩寒拯救你呢？韩寒是落寞的，他始终是一个人在战斗。韩寒不缺乏崇拜者，他只是需要同路人。

美国《时代》周刊评选“全球最具影响力人物”，韩寒列入候选名单。截至 9 日 22 时，他以 14 万票排在第 5 位，此时美国总统奥巴马排在第 17 位。《时代》对他的简介是：中国最畅销的作家，一个狂热的拉力赛车手，他写了一个超级流行的、以戏谑主流文化为乐的博客。韩寒淡看入选，并自认是一介书生，影响力虚无，没有改变社会不公。他的支持者仍在网络发起投票号召。

本次韩寒入围，再度引起大范围的舆论波澜。韩寒是谁？他影响了谁？所有争论都将韩寒的角色推到极致，呈现出尖锐对立的状态。而所有他被议论的角色，比如公共知识分子、网络领袖、公民韩寒、“80后”代言人等等，都受到韩寒本人的排斥。他用一以贯之的自嘲和戏谑推开这些标签。显然，韩寒并不享受这些符号。他说这些与他无关，他从未想过影响任何人或世界。

但韩寒的影响力不以他个人的意志为转移。他的博客访问量超过3亿，中文世界第一。他为社会事件写出的博文，单篇点击量轻易突破百万。他没有完整的学历教育，却在公共发言中散发出逼人光彩，令众多知识分子的言说显得暗淡。他的支持者遍布各个阶层，也为知识精英击节赞赏。天赋韩寒，他不仅让人嫉妒，也会让很多人自感惭愧。谈论现时中国，绕不开他。

正因为韩寒带来的纷繁指向，与声名鹊起相对的是争议不绝。与韩寒被公众赋予的角色相比，有论者认为他没有造成社会实质改变。持此论者，即使在韩寒的支持者那里，也不乏其人。更有甚者，断定韩寒的话语方式是低级的，会消解思想，解构社会应有的方向。至于那些猥琐的攻击，则不足提及。韩寒被信任与怀疑分割成各式样本，被代入理想和现实的情景中反复推演。

韩寒不过在做他自己而已。他没有优越性，他办杂志也屡屡受挫，他的博文也会被删除，说不定哪天他也变成敏感词。

他的不如意正像许多人的不如意，他的理想也正被埋在土里。他被 3 亿点击量簇拥，可就像陈丹青所言，他孤立又孤单。当所有人都把自己托付给韩寒时，一定是他最孤立无援的时候。

韩寒制造了一个人的喧哗，衬托出无数人的沉默，这是不正常的。而改变的钥匙不在韩寒身上，在每一个人的手里，寄托在每一个人都能往前的脚步里。韩寒的价值是提供参照，提醒每个人要做自己的拯救者，找回失落的勇气和韧性，直面惨淡的人生，怎么指望作家或赛车手韩寒拯救你呢？韩寒是落寞的，他始终是一个人在战斗。韩寒不缺乏崇拜者，他只是需要同路人。

韩寒的话语方式是被迫的选择，不必担心他拉低思想界的水准。思想者的匮乏或怯懦，并不是缘起韩寒。将匡扶大任加诸韩寒，就像把自己的思考与探索托付给他一样可疑，是不可靠的。韩寒拒入那么多以标签明示的阵营，而从长远来看，他属于社会运动的一部分。当他在博客自媒体中以反讽表达反对时，社会是有痛感的，是获益的。寂寞的韩寒，有着铁铸的指向。

让我们都来投韩寒一票。这一票不是投给公共知识分子韩寒，也不是投给舆论领袖韩寒，而是投给一名清晰界定体制距离的探测者，投给一名启发人们寻找真实自己的敏感青年。这时，韩寒的身份一点都不重要，因为给他投票不是投给别人，就像是投给我们自己，也就是给所有称得上是“人类”的人投票。至于这个人叫韩寒，还是叫寒寒，还是叫别的名字，都没有区别。

[2010 年 4 月 11 日]

舆情应对能力是种什么能力

事件 4月12日，人民网舆情监测室发布了“2010年第一季度地方应对网络舆情能力排行榜”，四川巴中“全裸”乡政府排名第一，贵州安顺警察枪击致死案排名倒数第二，山西问题疫苗事件排名垫底。

观点 地方政府应对舆情的能力，固然可以分解成响应速度、信息公开、动态反应、官员问责等指标，但万流归宗，只在一点，那便是对于公义的信仰能力与维持能力。舍此而谈舆情应对，便只是权宜之计，便只是无根之木。

地方政府总能吸引眼球：土地财政使他们跟疯涨的房价捆绑在一起，招致民众抱怨；频发的各种热点事件，往往最终都会落到地方政府的作为上，而被舆论围观。两相比照，对于公共权力来说，政治上的公信力，要远比经济上的逐利心重要得多，补救起来也要困难得多。

从2009年开始，以每一时段的案例为集中的素材，人民网舆情监测室连续四次推出了“地方应对网络舆情能力排行榜”，意在提示这种风险与困难，也试图为困局找出一条“舆情应对能力”的路径来。

在刚刚结束的2010年第一季度中，从乡一级的“茶杯门”，到省一级的“疫苗事件”，从日记本里的“香艳局长”，到看守所里的“喝开水死”，从新泰“官二代”，到石家庄“骗官案”，从江苏年迈父子自焚抗拆迁，到贵州警察枪击误伤人命。如此短的时间内，涉及官员与权力的热点此起彼伏而能成榜，说明这确实是一个矛盾高发的时代。对于这些事件发生之后引发的舆论关注，政府怎么应对，排行榜给出“政府响应”、“信息透明”、“政府公信力”、“动态反应”、“官员问责”、“网络技巧”六个指标予以打分。必须承认，在自己跟自己比的状态下，很多的分数给得过于慷慨。但这并不是关键，关键在于，应对舆情的种种成败得失总结，作为媒体客观观察的角度也好，作为针对地方政府的刻意引导也好，都应该回答一个基本的问题：“舆情应对能力”究竟是种什么能力？

“舆情应对能力”是什么？这是一个不妨先从反面来回答的问题——“舆情应对能力”不是什么。事实上，当一个地方政府需要应对舆情时，那就往往说明该政府已经面临舆论的发问、质疑乃至追责了。我们知道，遭到怀疑与追问乃至批评后的态度会有不同。这种种态度，也能构成某种能力。像此次位居榜首的四川巴中“全裸”乡政府，因为其在信息透明度、政府公信力等指标上都足堪称道，就是一种值得肯定的舆情应对能力。而贵州安顺警察枪击致死案、山西问题疫苗事件则被判定为应对严重失当，其舆情应对能力也就不足为训，不能让人心悦诚服。

舆论追问的背后，其实是一种不容颠倒的是非黑白，所以应对舆情就不可能成为一项不关照公平正义的技术施工。依照最近一期《南方周末》的报道：最近三年拆迁拆出人命的地方，一把手统统安然无恙；个别低级别的倒霉官员，也不过是换个岗位而已。这样的官员问责，只能是应付舆论的伎俩，而绝非真正能够应对舆情的能力。

也正是每一次汹涌的舆情背后，都有是非黑白需要地方政府处置，所以应对舆情更不应该单独抽离出来，成为一个与前因无关的独立任务。与互联网在公共生活中初有担当、监督公权时不同，地方政府已经从不知所措变得渐渐适应，甚至也能熟练利用网络特点主动出击。选择周末或节假日前发布消息，掌握节奏冷却网络热点……这些不一而足的策略，只是锯箭的能耐，也远非真正可以应对舆情的法宝。

因为，那些仅仅被压制、被敷衍、被算计的舆情，并不会真正地消失、真正地终结，它们就像未曾寻到出口的情绪一样，日积月累，左冲右突，总会在下次的机会中喷薄而出。这样的过程，政府与相关官员的公信力，不会因此而得到修补，反倒只会更加雪上加霜，每况愈下。

有了上述的思考，应该可以尝试来正面答一答题。地方政府应对舆情的能力，固然可以分解成响应速度、信息公开、动态反应、官员问责等指标，但万流归宗，只在一点，那便是对于公义的信仰能力与维持能力。舍此而谈舆情应对，便只是权宜之计，便只是无根之木。

［2010年4月13日］

真实国家形象有赖于全面的开放交流

事件 8月30日《京华时报》报道，正在紧张拍摄之中的中国国家形象宣传片由30秒的《人物篇》和15分钟的《角度篇》组成。在后者的构思中，除了传统的代表性城市、景点、建筑之外，据悉北京的打工子弟小学也入选国家形象宣传片。摄制组人士称，“我们就是要拍摄一个真实的中国”。

观点 中国没有既定的国家形象宣传道路可走，而必须进入全球化信息竞争的洪流，以更全面开放的姿态来塑造我们的国家形象。就此而言，所谓真实的国家形象，它不可能是一种选择性的真实，而必定是一种全面的真实，有赖于全面的开放和交流。

中国越来越在意自身的国际形象，其标志就是近年来日益增多的国际宣传。日前，由国务院新闻办公室筹划的中国国家形象宣传片正在紧张拍摄之中，计划于今年国庆节前在国际主流媒体播放。宣传片由30秒的《人物篇》和15分钟的《角度篇》组成。在后者的构思中，除了传统的代表性城市、景点、建筑之外，据悉北京的打工子弟小学也入选国家形象宣传片。摄制组人士称，“我们就是要拍摄一个真实的中国”。

在国内宣传都不太上镜的打工子弟学校，在争分夺秒的国家形象宣传片中究竟会如何展现，现在仍然只能猜想，但“拍摄一个真实的中国”这一理念，甫一道出即令人眼前一亮、不同寻常。据项目总策划人介绍，考虑到国家形象广告的受众是国外观众，创作团队在制作过程中就分别与数个西方国家的观众交流，期望能够更好地诠释中国形象。打工子弟小学入选是否受此启发，还需要国家形象战略思考者去探寻和解答。

国家形象宣传片的新思路，代表了中国对自身国际形象的努力经营。去年底，“中国制造”的形象广告在CNN亚洲频道首次播出，成为中国通过西方主流媒体向世界展示形象的肇始。除此之外，国内也投入重金，强势提升对外宣传的机构实力，希望重构国际传播新秩序，为“媒体外交”布局谋篇。再加上自2004年以来，在全球87个国家设立的282所孔子学院和241个孔子课堂，中国全面打造国际形象的“软实力”工程清晰可见。

中国国家形象宣传的动力，首先来源于对西方媒体话语的对冲。毫无疑问，国家形象本身并非是一个纯客观的事实，它也是人们基于不同的价值观、道德感以及文化认同的心理认知过程。因此在这一过程中，讨论得最多的就是西方媒体对中国的妖魔化。例如，在学者对美国媒体的研究中，中国常常被描绘成“民族主义死灰复燃”、“偷窃知识产权的海盗”、“威胁全球经济的奸商”等等。这显然难以为中国所接受。

最初的国家形象推广，乃出于对这种局面的不满，因而更像一种针锋相对的宣传策略。然而，随着中国越来越深地卷入全球化浪潮，并且通过举办奥运会、世博会等一系列国际赛会，外界希望了解一个更真实的中国，这种愿望开始变得强烈，也直接推动中国的国际形象战略必须有更高远的理念和诉求。新的国家形象宣传片呼应的正是这种中国国家形象的再认知和再提升。

抛开旧式意识形态之争，中国自身所认知的国家形象是什么？这是一个值得认真探讨的问题。只有对自身的国家和民族性有深刻的认知和把握，才可能向外界传达出清晰可辨的国家形象。在这一点上，中国没有既定的国家形象宣传道路可走，而必须进入全球化信息竞争的洪流，以更全面开放的姿态来塑造我们的国家形象。就此而言，所谓真实的国家形象，它不可能是一种选择性的真实，而必定是一种全面的真实，有赖于全面的开放和交流。

客观地看，国家形象是一个包罗万象的意象组合，涉及政治、经济、文化、社会等诸多方面，又尤其需要具体真实的政府形象、企业形象、国民个体形象来承载和展现。没有人能否认，国际公众眼中的国家形象往往就是由负责任的政府形象所直接代表，而企业输出的产品几乎就是国家形象不可剥离的部分，至于国民个体，他们的精神面貌和生活质量，也成为国家形象不可弃用的现实注脚。正是这种种魔方般的组合，搭建出了原本虚无的国家意象。

国家形象宣传片传递出中国向世界展示更好形象的志向。拍摄一个真实的中国，这是一个值得珍视的理念，因为真实本身有着单纯的宣传所难以企及的吸引力和说服力。一个真实的中国，意味着不只是我们认为最好的那个中国，也不只是遭遇妖魔化的最坏的那个中国，而是一个以自信和自省存于当下的中国。这样的国家形象又岂是电视屏幕上的一番光影所能比拟？

［2010年8月31日］

世博让上海更美好，上海让中国更美好

事件 4 月 30 日晚，中国 2010 年上海世博会开幕式在上海举行，中共中央总书记、国家主席胡锦涛出席并宣布本届世博会开幕。历时 1 小时 50 分钟的仪式伴随着欢庆的文艺表演以及浦江上空绽放的璀璨烟花。这是第一次在发展中国家举办的世博会，也是第一次以城市为主题举办的世博会。

观点 我们得到的回报，除了向世界展示近年来强大起来的国力，为此而感到骄傲和自豪之外，还应该包括西方工业革命以来形成的创新精神、市场理念和法治观念。只有这些价值，才能让世博会来上海不虚此行，才能让上海人和中国人劳有所偿。我们期待着：世博，让上海更美好；上海，让中国更美好。

正如人们所预想的一样，上海世博会在流光溢彩、欢歌曼舞中开幕了。接下来的半年乃至更漫长的时间，都是它的收获期。倾情倾力的投入，让人们对它充满了无尽的期待。精心的筹备、隆重的仪式已让它浓墨重彩地写入历史，那么假如我们站在未来回望今天，会看到一个怎样的世博会呢？

尽管世博会源自 159 年前的伦敦，是西方前工业化时代的产物，很多展览场地和标志性建筑已然成为古迹，但对于中国来说，它仍然是一个新鲜而又盛大的事件，值得我们以百般的热情和千般的投入去期待。7 年半以前，上海申博成功的当夜，整个城市的激情、欢呼和热泪，全中国媒体的狂欢和畅想，都还历历在目。跟北京奥运会一样，很多人把它看作是西方社会接纳中国的象征，更有很多人把它当成中国向世界展示国力的舞台。从申请办展的第一个念头开始，它的意义就远远超出了单纯的经济盈亏。

它是近代以来中国人结束落后历史的漫长努力的回响，又是当代中国政治和文化与西方世界博弈的一个纠结。它是一面别人的镜子，但中国人要用它来看清自己的影像。而很多上海人认为，只有这样的一面镜子，才能照见自己曾经身为东方的巴黎的荣耀身世。透过它，我们看到了自己的成长。我们为迎来世博会而感到骄傲，我们期待拥抱它而收获更多的自豪。

7 年多时间以来，上海市为筹备一届青史留名的盛大世博会倾尽全力。最充分地动用了政府资源和市场配置，建设成美轮美奂的世博园区。在世博园区之外，有多少街道重新铺设，有多少墙壁焕然一新，有多少暗街霓虹闪烁，又有多少陋巷绿树成荫。同时，还动员了各种力量，让全市民众的激情持续燃烧，让志愿者的服务无微不至。为了确保世博会的顺利进行，动用的安保力量难以计数。用央视的话语来说，这是又一个全民共建的举国盛典。

那么，在付出了之后，我们到底要收获什么呢？从经济上说，历史上举办世博会的城市，盈亏各半。上海市委书记俞正声曾表示："我们的目标是持平，不赔不赚。"那么我们能够赚来的东西，假如它不是钱又是什么呢？

首先，世博会将让全世界更多地了解上海，了解中国，有利于中国更好地融入世界。不过我们也应该知道，世界并不因为我们的热情好客，就只会称赞中国好的一面。所谓更多地了解，也包括放大我们的缺点。从乐观的方面说，这会促使我们做得更好。

但是，这还不足以回报我们。国务院副总理王岐山在开幕式致辞中，指出了上海世博更多具体的目标，是要让它成为各国人民创新、合作、交流的平台。"她将打开未来城市的大门，引领新的生活方式，促进人与城市、自然相和谐，推动建设平安、文明、幸福的城市，促进人的全面发展。"

正如国际展览局主席蓝峰在致辞中所说，中国这个世界人口最多、历史最悠久、文化底蕴最深厚的国家，正在经历史无前例的城市革命。然而，城市化并不意味着只有"城市，让生活更美好"。当全中国"农村，也让生活更美好"时，王岐山副总理的要求才能真正实现。

为此，我们得到的回报，除了向世界展示近年来强大起来的国力，为此而感到骄傲和自豪之外，还应该包括西方工业革命以来形成的创新精神、市场理念和法治观念。只有这些价值，才能让世博会来上海不虚此行，才能让上海人和中国人劳有所偿。我们期待着：世博，让上海更美好；上海，让中国更美好。

[2010年5月1日]

官员复出要符合程序更要符合民意

事件 2月24日，《行政监察法修正案（草案）》提请全国人大常委会首次审议。该草案增加了处分的执行和解除程序，受到监察机关作出的开除以外的处分，在受处分期间有悔改表现，并且没有再发生违反行政纪律行为的，处分期满后，由监察机关解除处分并以书面形式通知本人及其所在单位以及处分执行部门或单位。此条规定的原则是，官员复出后的晋升、晋级不再受处分的影响。

观点 官员复出需要程序规范，可同时需要民意的审核。在有法可依的前提下，更要过民意关。程序不能对内用迎合的态度，而对外一律拒斥。为官员复出提供程序上的机会，这已经维护了他们的“合法权益”。至于能否被程序批准复出，必须加入民众的意见。混淆官员复出程序的过程与结果，以为唯有复出才符合他们的“合法权益”，很难收复人心。

《行政监察法修正案（草案）》前日提请全国人大常委会首次审议。该草案增加了处分的执行和解除程序，受到监察机关作出的开除以外的处分，在受处分期间有悔改表现，并且没有再发生违反行政纪律行为的，处分期满后，由监察机关解除处分并以书面形式通知本人及其所在单位以及处分执行部门或单位。此条规定的原则是，官员复出后的晋升、晋级不再受处分的影响。

《行政监察法》的这条修改建议并不新鲜，它几乎完全照搬了《国家公务员法》第59条的内容。但在《行政监察法》的适用语境下，并不能被看作是对后者的简单重复，因其清除了官员复出的程序障碍，可视作对这一社会问题的直接表态。由此，对背负处分的官员来说，惩罚的程度被大大降低，处分只是暂别官位而已，仅仅意味着挨过最短半年、最长不过两年的时间问题。

如果《行政监察法修正案（草案）》得以通过，再以违反程序为由去质疑官员复出的乱象，公众就会发现已然丧失了法律上的论据。虽然官员复出的社会郁结并非修正案造就，然而修正案本身确实首先改变了官民在这一问题上的话语力量对比。它将围绕官员复出的争议升级到新的阶段，即一种不加甄别地支持官员复出的程序如何赢得民意？法律安排能否避免更深的刺激与伤害？

以三鹿毒奶粉事件为例。在这次波及全国、造成恶劣后果、影响延续至今的食品安全事故中，都有地方官员与部级高官先是引咎辞职，继而高调复出，重新执掌权力。与官员无痛复出形成反差的是，受害人的痛楚与民众的愤恨得不到有效抚慰。即便《行政监察法》可作为依据，令官员复出程序显得完美无瑕，可仍无法取得民众的谅解，也就不能在民众那里获得合法性。

原因很明显：官员复出需要程序规范，可同时需要民意的审核。在有法可依的前提下，更要过民意关。程序不能对内用迎合的态度，而对外一律拒斥。为官员复出提供程序上的机会，这已经维护了他们的“合法权益”。至于能否被程序批准复出，必须加入民众的意见。混淆官员复出程序的过程与结果，以为唯有复出才符合他们的“合法权益”，很难收复人心。

官员复出与否关系到对行政道德的重新审查，涉及官员或政府究竟对谁负责的根本追问，最能显出行政的真正倾向。这是一个价值判断的是非题，不是多长时间才可以复出的选择题。《行政监察法修正案（草案）》若要健全针对政府系统的行政监察制度，不能舍弃实质性的价值内容。假如使得程序仅仅成为形式上的手段，无法在官员复职环节容纳民意，则有违程序正义，恐怕有法也非法治。

问题就从建立官员复出的程序转向此程序如何有效吸取民众意见。显然，在官员提拔任用的现实环境中，单个民众要想表达对具体官员复出的意见是很困难的，封闭的行政任免流程让这样的设想难以实现。即使在舆论压力下，也很难确定处分官员是否为了息事宁人，遑论此后悄无声息的复出。民意参与审核官员复出，程序上尚未破题。

在没有程序的情况下，尽管反对声汹涌，官员复出也是层出不穷。很可能变为事实的预测是，一旦有程序单方面为官员复出提供理据，冠冕堂皇的复出必然成为常态，公共意见将会愈发孤立。即便《行政监察法修正案（草案）》没有对不利的前景作出恰当反应，但其创造了立法纾解困局的时机，全国人大常委会不该任凭这个机会流失。

［2010年2月26日］

公正的司法才是维权和维稳的利器

事件 5 月 22 日，在广东东莞召开的全国法院行政审判工作座谈会上传来消息，最高人民法院决定从即日开始到今年底，在全国各级法院集中开展解决行政案件申诉上访专项治理活动。

观点 其实社会矛盾是一个永恒的存在，关键在于让这种矛盾找到一个合适的出口，特别是要让那些利益受损的人有话可说有理可讲。通过司法渠道，使人人都可以在一个透明的规则体系里表达自己的诉求，追求自己的利益，社会成本最小，而且具有示范效应。

行政官司，俗称“民告官”，近些年此类申诉上访率居高不下，形势严峻。近日，在广东东莞召开的全国法院行政审判工作座谈会上传来消息，最高人民法院决定从 5 月 22 日开始到今年底，在全国各级法院集中开展解决行政案件申诉上访专项治理活动。

“民告官”案件为什么会引发居高不下的上访？很简单，原本准备通过法律程序讨说法的人们，没有得到他们应得的权益。数据显示，自《行政诉讼法》实施以来，“民告官”案件的胜诉率，始终没有突破 30%。如果把大量未立案的“民告官”官司，也就是根本没法进入司法渠道的案件一并考虑，那么映照出的不仅是官民关系的现实，更是《行政诉讼法》的尴尬，因为这一法律的立法本义，就是意在运用司法权来抑制往往过于强大的行政权，维护广大行政相对人的合法权益。

“民告官”官司，该立案的却拒不受理；即使立案，审理中又对违法行政行为过于迁就；哪怕原告胜诉，又还有一个“执行难”等着你。

为什么会出现这种现象？最高人民法院副院长江必新的一段分析堪称鞭辟入里。他在行政审判工作座谈会上指出：“必须防止把‘大局’地方化，以‘大局’‘稳定’为借口排斥司法监督的倾向，摒弃‘让行政机关胜诉是支持，让行政机关败诉是添乱’的错误认识，不姑息迁就违法行政行为，不迎合屈服于各种非法干预，克服‘纠错不利于维护司法裁判的权威性、稳定性’的错误认识，坚持有错必纠，避免因讳疾忌医而付出更为沉重的代价。”

江必新的讲话指出了当前行政案件审理中的要害问题，也是最为公众关注的热点，即行政权对司法权的非法干预。这种非法干预，正如江必新所说，往往打着大得吓人的旗号，而事实证明，那些已然损害了行政相对人权益的人或者部门，他们关心的所谓“大局”只是他们自己的“小局”，他们害怕的是公正的司法会揭破真相，会影响个人乌纱帽的“稳定”。真正的“稳定”和“大局”从来都是与民众的合法权益紧密相连，公正的司法既是“维权”也是“维稳”的利器，把这二者对立起来，其用心岂非昭然若揭？

在官民关系中，司法的地位和作用独特而又重要，这种独特而重要的地位，建立在公众对司法机关作为调停角色的预期上。如果行政案件中，“让行政机关胜诉是支持，让行政机关败诉是添乱”的错误认识主导司法，公众对司法机关的原有预期还有存在的基础吗？在官与民的官司中，法院的依法独立审判绝不是添乱，而是在给中国的法治添彩。近日浙江宁海被征地农民状告省政府胜诉，尽管还只是一个程序性的胜利，实质正义还在等待之中，但中外舆论对此给予了极为正面的解读，就是一个最好的例证。

公众一旦动摇了对司法机关的预期，失去对法律的信仰，上访就很难避免了；上访解决不了，矛盾又会进一步郁结。当前各地正在加紧排查社会矛盾，以减少恶性治安事件，在这中间，不能忽视法律作为社会减压器的作用。其实社会矛盾是一个永恒的存在，关键在于让这种矛盾找到一个合适的出口，特别是要让那些利益受损的人有话可说有理可讲。通过司法渠道，使人人都可以在一个透明的规则体系里表达自己的诉求，追求自己的利益，社会成本最小，而且具有示范效应。

解决了行政权对司法权的非法干预问题，还需要司法机关的秉公审判。面对行政申诉上访率居高不下的局面，广东司法机关已经拿出了办法：先从制度上解决“立案难”、“不会告”，中间解决“不规范”，后期解决“不错判”、“不拖判”。《行政诉讼法》颁布实施 20 多年来，是否需要修改一直存在争议，在我们看来，只要解决了行政权对司法权的非法干预问题，加上司法机关的秉公审判，现行法律体系仍然是有效的。

“民告官”官司的出现曾是我们法制进程的一个亮点，这个亮点应该更亮些，亮到可以从中看到中国司法进步的希望，乃至可以烛照中国的未来。

[2010年5月24日]

正常的社会该给富人怎样的预期

事件 5 月 22 日《经济观察报》报道，北京因私出入境中介机构协会的数据显示，2009 年中国再次掀起投资移民海外的热潮，2009 年到美国投资移民的 EB—5 类签证的中国申报人数已经翻了一番，从 2008 年的 500 人上升到超过 1000 人。

观点 一个正常的社会理应给富人另外的预期，这就是风险可以预测，企业家精神将会受到保护，整个社会体系依据透明的规则运转。在这样的社会里，一个富有企业家精神的人肯定大有可为，因为除了市场因素，他就不必担心某种不确定的风险。这样的社会是鼓励创业鼓励致富的社会，也是一个能够催生富人责任感的社会。

全球化时代，移民是件再正常不过的事情了。但最近一篇关于中国富人纷纷移民海外的报道，却引发了广泛的社会关注。报道中说：北京因私出入境中介机构协会的数据显示，2009 年中国再次掀起投资移民海外的热潮，2009 年到美国投资移民的 EB—5 类签证的中国申报人数已经翻了一番，从 2008 年的 500 人上升到超过 1000 人。

富人为什么选择移民？一名移民加拿大的富人的自述最有代表性：“我选择这条路主要有三个原因：一、国内的投资环境不好，你想投的他不让，他让投的不挣钱；二、各种税费太高；三、现在贫富差距这么大，说不定哪天又要均贫富，太没有安全感了。”

对税负过高的指责和对社会所谓“仇富”心态的担忧，的确是中国富人的流行话语。但这种话语恐怕与事实不乏出入。资料显示，中国的税收呈富少穷多的逆调节态势，经济学家茅于轼等人也说，现行税制实际是累退性质，富人的大部分收入没缴税。正是基于这种现状，当下调整收入分配的呼声高涨，但这显然不是“均贫富”，而只不过是要让社会回到正常的轨道上。现在调节还远未启动，富人就开始抱怨税负过高，只能说明他们对生活的预期建立在社会不正常的基础之上。如果仅仅是这方面的预期没有实现就拍屁股走人，也没有什么可惜的。而抱有这种预期的人，即使移民海外，恐怕还会继续失望下去，因为富人承担更多的社会责任是国际潮流，特别是在一些福利国家，富人的税负远远不是国内的富豪们能够想象的。

用“仇富”来说事有时更像矫情甚至是要挟。越来越多社会精英人士手持绿卡，却仍在国内经营企业或者工作，对此一名移民富豪坦承：“在国外，基本上挣不到钱，年投资回报率在15%左右，就已经算是暴利了，但在中国还算是低的。”这真是一幅意味深长的图景。一方面，富豪们在国内投资收获了“暴利”，也明知自己超常的赢利能力深植于现实的土壤，不忍舍弃；另一方面，却又希望社会永远优待自己，调整国民财富收入差距的呼声乍起，马上惊呼税负太高，指责人们“仇富”，声称要移民海外。这不恰恰表明，社会以往给予他们的优待太多了吗？

富人享有特殊权益的社会是不正常的，这样的时代早该成为历史。但是，一个正常的社会却理应给富人另外的预期，这就是风险可以预测，企业家精神将会受到保护，整个社会体系依据透明的规则运转。在这样的社会里，一个富有企业家精神的人肯定大有可为，因为除了市场因素，他就不必担心某种不确定的风险。这样的社会是鼓励创业鼓励致富的社会，也是一个能够催生富人责任感的社会。

对安全感的渴望是人的本能，社会致力于给富人提供安全感实际是一种多赢，因为富人缺乏安全感的社会，穷人同样也不会有安全感，反之亦然。当下的紧迫问题是，社会该怎样让富人们感到安全？事实证明，贿赂权力，使其化公为私来保证资本的安全是一杯甜蜜的毒药，对权力、资本乃至整个社会都有强烈的腐蚀作用，而且即便暂时获得了安全感，也必然是虚幻而不稳定的。黄光裕从商业奇才堕落为阶下囚，就是最好的例证。黄光裕案折射的与其说是富人的原罪，毋宁说更是社会的病灶。为什么黄光裕们往往习惯于通过和权力联姻来获取安全感？当社会嘲笑他们的时候，是不是应该加紧做点什么？

对一个国家来说，富人过多地选择移民，代表精英和财富的双重流失，而且也意味着这个国家道德资源的削弱。有评论指出：“目前富人移民海外，我们应该反思。要留钱，先留人；要留人，先留心。”“先留心”当然是对的，但如何留心是一个问题。是依靠一时的安抚，就像“爱哭的孩子多给糖吃”一样，还是依靠法治，提供一个公正、公平的施展才华的环境，使其倾力创富、安心享富？答案不言而喻。

［2010年5月25日］

张悟本们生长在崇尚虚妄的土壤上

事件 张悟本号称“中医食疗第一人”，其《把吃出来的病吃回去》一书引起了广泛关注，书中宣扬的“绿豆治百病大法”遭到专家质疑。5 月 27 日，北京市朝阳区工商分局和朝阳区卫生监督所联合对“悟本堂”进行了调查。针对张悟本“卫生部首批高级营养专家”的称号，卫生部在接受媒体采访时表示从未聘请过“高级营养专家”。

观点 幕后炒作推手的精心运作，揣着明白装糊涂的传媒的推波助澜，再加上对公众健康养生需求的准确把握，这些当然都是成就“神医”的重要原因，但我们更不能忽略滋养张悟本们的土壤。在这块土壤上，理性精神总是难以发育，常识总是一再受到蔑视，引发群体狂躁的也远非医学养生领域。

几乎是一夜之间，“神医”、“京城最贵中医”张悟本被打回了原形。据媒体报道，北京市朝阳区工商分局和朝阳区卫生监督所联合对“悟本堂”进行了调查，但并未发现非法行医的行为，不过朝阳区工商分局工作人员表示目前已经就“悟本堂”超范围经营和虚假宣传介入调查。针对张悟本“卫生部首批高级营养专家”的称号，卫生部在接受媒体采访时表示从未聘请过“高级营养专家”。

张悟本走下神坛，初看上去似乎缘于他的过分高调，如果不是他自称“出自四代中医世家”、“父亲曾系国家领导人保健医生”，关于其个人身世、身份的资料编造得太不靠谱，从而引发身边熟人和媒体的质疑，他也许还能继续忽悠一阵。但可以肯定的是，他的穿帮是迟早的事情，即使他的学历、身份、履历等可以伪造得像真的一样，有一样东西也可以击穿他，那就是人们关于医学关于健康的基本常识——这些人类千百年依靠经验积淀下来的常识完全能够指证他的虚妄。然而如果真是这样，那迷信他的人们势必会付出更大的代价。5 月 26 日从四川传来的消息说，当地已有 100 余人因信奉张悟本的一套食疗养生理念，生吃泥鳅住进了医院。

张悟本为什么能够蹿红？他的商业成功走了怎样的一条终南捷径？幕后炒作推手的精心运作，揣着明白装糊涂的传媒的推波助澜，再加上对公众健康养生需求的准确把握，这些当然都是成就“神医”的重要原因，但我们更不能忽略滋养张悟本们的土壤。在这块土壤上，理性精神总是难以发育，常识总是一再受到蔑视，引发群体狂躁的也远非医学养生领域。

正是有了这样的土壤，在张悟本之前有无数个“张悟本”，胡万林、“刘太医”、“红薯王子”林光常……指不胜屈；也正是因为对消除这样的土壤还无法乐观，我们对张悟本之后还会不会冒出又一个“张悟本”，也不敢遽下断言，尽管胡万林、“刘太医”等人锒铛入狱的殷鉴并不遥远。一个让人唏笑皆非而又不得不深长思之的事实是，据《中国新闻周刊》披露，当年“刘太医”因非法行医、制售假药被审判之后，一些“太医粉丝”，包括一部分已经深受其害者，仍然执着地站出来为“太医”辩护，这一规模宏大的群体甚至对有关部门的执法行为产生了影响。

一千多年前，东汉的王充因为对神道迷信思想弥漫的社会氛围不满，写下了名著《论衡》，提倡经验实证主义，极力通过“疾虚妄”，而使社会“归实诚”。抚今思昔，我们能不能说，“疾虚妄”的任务已经完成了呢？恐怕不能。张悟本们的大行其道，充分说明当下社会，培育常识的工作仍然任重道远，尊重常识的理念还没有树立起来。常识一旦失去作用，被人们踩在脚下，虚妄的东西迅速生长就几乎是一种必然。而在盲从心理的驱使下，更多的人又会为迷狂的情绪所裹挟，失去判断能力，对严重背离常识的东西趋之若鹜。

失去对常识的信仰，公众就不再是由具备独立人格和精神的个体组织起来的有机结合体，而是如法国社会心理学家勒庞所称的“乌合之众”。勒庞总结了“乌合之众”的心理特征，认为这一群体冲动、易变和急躁，易受暗示和轻信，在他看来，“乌合之众”往往“只知道简单而极端的感情。提供给他们的各种意见、想法和信念，他们或者全盘接受，或者一概拒绝，将其视作绝对真理或绝对谬误”。显而易见，我们不能做“乌合之众”，一个健康发育的公民社会也不需要“乌合之众”。

一再被技术含量极低的张悟本们忽悠，对公众来说教训深刻。必须回到常识，必须树立尊重常识的理念，否则等着忽悠你的就绝不仅仅是一个张悟本了。

[2010年5月29日]

基层党内直选可为民主政治转型探路

事件 11月下旬，广东省梅州市梅县石扇、石坑两镇党委相继举行了镇党委书记公推直选，在经过差额筛选、评议推荐和直选之后，最终由全体党员投票选出当选者。结果，县委组织部所推荐的两名人选全部落选。由于公推直选镇党委书记在广东尚属首次，当地很多党员的反应是："第一次听说镇党委书记由我们自己选，简直是晴天霹雳！"

观点 这种与基层利益直接挂钩的选举，不再只是空洞的政治形式，而成为与民众利益息息相关的公共选择。就此而言，民主其实就是要创造一种机制，来呈现公众所选择的最佳利益代言人。从某种意义上说，基层直选或可视为整个中国的民主政治转型探路之先声。

日前，广东省梅州市梅县石扇、石坑两镇党委相继举行了镇党委书记公推直选，在经过差额筛选、评议推荐和直选之后，最终由全体党员投票选出当选者。结果，县委组织部所推荐的两名人选全部落选。由于公推直选镇党委书记在广东尚属首次，当地很多党员的反应是："第一次听说镇党委书记记由我们自己选，简直是晴天霹雳!”

普通党员以“晴天霹雳”来形容直选镇党委书记的心情，看起来在遣词炼字上略有偏差，却足见党内直选对于基层政治参与者的内心震动。据报道，这两个镇都有近百人特意从外地回乡投票，不少上了年纪的老党员或拄着拐杖，或由亲人搀扶，投出他们有生以来的直选第一票。而两镇公推直选的结果是组织部门的推荐人选双双落选，以至于有评论说，党内直选是组织部革了自己的命。

至少从目前来看，说直选要革组织部自己的命，还是有些言过其实。但党内直选让基层党员分享了原来由组织部门，或者说由上一级决策领导专有的权力，应该是一个不争的事实。正因为此，公推直选与传统选拔任用方式的冲突将不可避免。这种冲突如何能够转化成一种积极正面的力量，而不至于成为进一步探索民主的暗中阻力，将是党内直选走向形式主义还是实质改革的关键。

就此而言，考察基层直选镇党委书记这样的民主探索是否有生命力，不仅仅要看其一人一票的直选形式，还要看这种尝试是否能见容于体制内既有的用人选拔模式。如果这两者不能兼容，甚至在内部存在不可调和的矛盾，流于形式就恐怕难以避免。因此，对梅县两位直选上任的镇党委书记而言，如何做到选得上、干得好、留得住，如何处理直选官员与委任官员之间的关系，这些都取决于党内民主改革预留的空间大小。

从全国范围内看，此次梅县公推直选镇党委书记并非首次。早在2003年，四川成都就开展了此类尝试，时任新都区木兰镇镇长的刘刚毅以 480 票当选全国首位公推直选的乡镇党委书记。此后，广西贺州、湖北麻城、山东乳山、江西南昌、浙江宁波等地都纷纷启动基层公推直选，被称为基层党内民主变革的亮点。由局部试点到整体推广、由基层试验而层层递进，这种缘起于经济改革的渐进模式，能否同样适用于政治领域的民主转型而免于被遏止的命运，仍是有待观察的命题。

虽然中国的民主转型仍未展示明晰的时间表与路线图，但民主政治作为转型目标从来没有也不应该有争议。基层党内直选的广泛试点，印证了从党内民主到社会民主的大体思路。目前看来，这种尝试还可以更多更快一些。与此同时，应该提防对民主转型的过度紧张容易造成某种心理阻碍，这也是基层党员“晴天霹雳”的一种背景来源。这其中，又以人口素质论有碍民主转型最为常见。但事实上，党内直选所选择的基层试点，都不是所谓人口素质最高的地区，可见人口素质论对民主转型的权重并非首要。利益调整难度相对较小，才是这些基层试点的共同特征。

梅县两镇公推直选，基层党员积极响应。有村支书表示，谁讲得实在，他就将选票投给谁。直选因此成为组织目标与基层民生的最佳黏合剂，选举议题被直接引向许多基层民生领域，比如梅县两镇的党委书记竞选演说，谈的多是乡村垃圾清运、卫生整治、道路硬化等公共服务议题。这种与基层利益直接挂钩的选举，不再只是空洞的政治形式，而成为与民众利益息息相关的公共选择。就此而言，民主其实就是要创造一种机制，来呈现公众所选择的最佳利益代言人。从某种意义上说，基层直选或可视为整个中国的民主政治转型探路之先声。

［2010年11月29日］

工资谈判立法是工会及工人的机遇

事件 7 月 21 日，《广东省企业民主管理条例》草案修改二稿提交省人大常委会审议。据草案规定，1/5 以上职工提出要求，工会就应当组织全体职工民主推选协商代表；劳资双方均可提出协商要求，各设一名首席代表；草案确定劳资双方的权利义务，禁止使用罢工、破坏机器或围攻老板等维权方式，企业也不得迫害协商代表。

观点 工资集体协商将是工会的机会，推动它们回归到工人利益代言者的位置；考虑到工会的实情，协商谈判同样是一项巨大挑战，工会不可以继续羸弱，必须能够在真实的谈判桌上担任成熟的角色。形势倒逼工资集体协商的立法，立法再倒逼工会革新，这是一个传递改良动力的过程。

《广东省企业民主管理条例》目前正经历省人大常委会的审议。该条例的草案修改二稿将工资集体协商纳入其中，预备用立法来规范劳资双方的谈判。据草案规定，1/5 以上职工提出要求，工会就应当组织全体职工民主推选协商代表；劳资双方均可提出协商要求，各设一名首席代表；草案确定劳资双方的权利义务，禁止使用罢工、破坏机器或围攻老板等维权方式，企业也不得迫害协商代表。

地方对企业民主管理加以立法确认，广东不是第一家，但是在民主管理中吸收工资集体协商的内容，却属全国首创。该条例在2008年就曾进入二审，但因顾忌金融危机的影响而中止了审议。工资协商是重启审议后新增加的部分，对劳资关系不再是纸上谈兵，反映了立法机构认识到工资调整在珠三角及广东的紧迫性。如果对今年的停工事件稍有了解，即能理解其重大意义。

用法规勇敢地承接广东经济转型中出现的工资问题，实现围绕劳资关系展开的博弈能够软着陆，尽可能地减轻它们对经济的冲击，提供必要的社会稳定，是这部条例值得夸赞的地方。草案对工资协商的启动、程序、代表遴选、禁止项、权利义务等都有全面涵盖，既是对现实状况的整体回应，又努力将协商过程引上法治轨道。立法切中时弊，用心良苦。

工资集体协商制度不是新鲜事物，它不存在理论障碍，而要跨过这一关，必须在两个重大方面取得突破：一是劳动者的集体行动权，二是工会的代表性和公信力。这是立法必须面对的尖锐问题，立法能否取得预期效果而不是委曲求全，取决于在多大程度上破解这两大难题，或者令两者取得某种可以接受的平衡。立法审议的争论估计会集中在这里，考验立法者的智慧。

草案令工人和工会的关系骤然突出。从草案规定看，工会将在劳资谈判中维持主导权。比如，职工谈判的首席代表由工会主席担任。由于工会与职工的联系亲疏不一，或者会出现偏袒资方的工会主席，而不是代言职工权益。但这个规定并非无视可能出现的弊端，规定很灵活，工会主席可以委托其他职工协商代表代理。关键是，将启动协商谈判的权力交给了职工。

以工人触发谈判的权力平衡工会主席的首席地位，可以最大限度地保全工会在企业的现有格局，避免政治上的震动。同时，在给予工人启动谈判的优先权时，有限约束工人在集体行动权上的自由度。工人并非像脱缰野马，不是完全自由，而是有义务担当，排除暴力因素，力求平静克制，保证劳资谈判的秩序。这可能并不符合很多人的设想，但恐怕不得不付出必要的妥协。

草案设计了工人和工会的权力交叉与制衡，彼此通过让渡一部分权力求取立法必须兼顾的总体平衡，让条例既不脱离现实，又能解决问题。如此一来，工会的改革被史无前例地推到前台。即便个别工会立场是亲资方的，但只要工人反复启动谈判，它必定要受到压力，不可能无动于衷。这种对工会的倒逼是良性的，让它们逐渐进入状态，敢于谈判，善于谈判，为工人谈判。

工资集体协商将是工会的机会，推动它们回归到工人利益代言者的位置；考虑到工会的实情，协商谈判同样是一项巨大挑战，工会不可以继续羸弱，必须能够在真实的谈判桌上担任成熟的角色。形势倒逼工资集体协商的立法，立法再倒逼工会革新，这是一个传递改良动力的过程。立法可谓维持了工会原有的法律地位，工会也要争气，这是衡量立法成功与否的标准之一。

工人绝非可有可无的配角，他们在工资谈判的规则中并不处于劣势，能够直接启动谈判程序，不必等待资方施舍，反制资方的压力成为常态。而立法也希望杜绝暴烈的、借用罢工的维权模式，工人的团结和智力就成为谈判取胜的筹码。事实表明，新时代的产业工人不缺这些要件。如此，工会改革，工人维权，资方和平谈判，政府降低应对成本，立法足以成全诸多机遇。

[2010 年 7 月 23 日]

驯服权力，才能防止以诽谤罪压制批评

事件 8月7日，最高人民检察院相关负责人强调："批捕案件质量不高甚至错捕，不仅严重侵犯当事人的权利，而且严重损害检察机关公信力，严重影响党和政府形象。"这位负责人还披露了最高检的三项举措。

观点 即使是这位负责人在提到该制度的时候，时间也界定为"今后一段时间内"，这就证明这一制度只可能是一种权宜之计。要行之长远，当然还得想另外的治本之道，而这个"本"万变不离其宗，就是找到驯服权力的办法。

在当下诽谤罪越来越成为公职人员利用国家机器打压公民批评权的工具之际，近日媒体报道，有些地方在办理诽谤案件中出现的一些问题已经引起了最高检的重视。最高人民检察院相关负责人强调："批捕案件质量不高甚至错捕，不仅严重侵犯当事人的权利，而且严重损害检察机关公信力，严重影响党和政府形象。"这位负责人还披露了最高检的三项举措：一要准确把握诽谤罪与非罪的界限，不能把对个别领导干部的批评、指责乃至过激的言语当作诽谤犯罪来办。二要严格把握诽谤案件自诉与公诉的界限。属于自诉的，应当建议侦查机关撤回或者作出不予批捕决定。三要建立批捕诽谤案件报上一级检察院审批的制度。今后一段时间内，对于公安机关提请逮捕的诽谤案件，受理的检察院经审查认为属于公诉情形并有逮捕必要的，在作出批捕决定之前应报上一级检察院审批。

诽谤罪明载于《刑法》，杀伤力强大，近来围绕此罪又发生了一系列公众热议的焦点事件，因此关于诽谤罪的一系列问题，无论是在大众媒体还是在法学界讨论得都已相当深入。最高检这次所指出的前两点，“要准确把握诽谤罪与非罪的界限”，“要严格把握诽谤案件自诉与公诉的界限”，应该说早有定论，并形成了以下共识：行为人具备主观恶意并造成了严重后果才构成此罪；诽谤罪以自诉为原则，以公诉为例外；诽谤罪侵害的对象是自然人，国家机关没有名誉权，批评政府不构成此罪；公民批评公职人员是否涉嫌诽谤，除了看批评的内容是否属实，还要看这种批评指向的是公职人员的职务行为还是个人行为，批评职务行为即使有误也不构成此罪。

既然早有定论，而且还形成了共识，为什么因批评公职人员而起的诽谤案还是居高不下甚至愈演愈烈？是否办案人员对诽谤罪与非罪的界限、自诉与公诉的界限的把握不够准确呢？恐怕不是。如果执掌法律的人，连社会都已形成共识的事情都把握不准，那还有必要让其尸位素餐吗？在公众看来，很多时候，国家权力堂而皇之地介入一些自诉案件，不足以构成诽谤的行为大张旗鼓地被当成诽谤罪惩处，并非办案者真的对法律规定上的一些界限出现了理解的偏差，而是揣着明白装糊涂，从骨子里没把公民的言论权当回事，使被视为国家象征的公器沦为某些特权和私利的保护伞。

为了杜绝公民的因言获罪现象，一度有人提议在立法上进行改革，即废除《刑法》第246条中的“但书”，将诽谤罪彻底定性为“自诉案件”。但考虑到有些案件的确存在当事人自诉困难的客观因素，这笔“但书”是否需要废除还值得商榷，而且从以上分析可以看出，这里重要的远不是具体的法律条款问题，而是权力在公民权利面前是否具备起码的谦卑的问题。山东曹县的检察机关曾经论证出，一个镇党委书记的声誉与“社会秩序”和“国家利益”相关，因此发帖批评者涉嫌诽谤，这里让人不寒而栗的显然不是法律的条文，而是公权力拥有者的逻辑和心态。既定的逻辑和心态不改，哪怕废除一笔“但书”，另从浩瀚的法律条文中找一条来防民之口实在是拈之即来。

习惯高举诽谤罪这一杀威棒的人喜欢拿“国家利益”说事，但正如这次最高检负责人所指出的，其实正是权力机关乱抓乱捕才会影响到“党和政府的形象”。按照国际惯例，公民行使对政府机关和公职人员的监督、批评权利，永远只会提升这个国家的正面形象。如果真切关心公民的权利和国家的形象，权力机关应该如何去做是一目了然的。现在，最高检要求建立诽谤案件报上一级检察院审批的制度，等于多了一道审查机制，也给往往屈从于地方政府压力的基层检察机关直起了腰杆，如果这一制度配以错案追责机制，其对遏制乱捕错捕无疑有积极的作用。但即使是这位负责人在提到该制度的时候，时间也界定为“今后一段时间内”，这就证明这一制度只可能是一种权宜之计。要行之长远，当然还得想另外的治本之道，而这个“本”万变不离其宗，就是找到驯服权力的办法。

［2010年8月8日］

重申常识：免职从来不是一种官员处分类别

事件 2010 年 8 月 18 日，四川简阳原市长段成武因违法批地被免职，但在短短一周之后就异地再任职，被当地人大任命为资阳市财政局局长。事件曝光后，在财政局长位子上屁股还没坐热的段成武再次被免掉了职务。

观点 有论者认为，“免职一周”是对国土部问责承诺的挑衅，殊不知问题的关键不在复职时间长短，而在“免职”本身——权力对公众知情的公然愚弄，已经到了肆无忌惮的地步。免职，免职，多少所谓的“追责”假汝之名？免职根本就不是处分，这样的常识亟待厘清，需要被不断重复。

又一则关于官员被追责的新闻被炒热：日前，有媒体报道称四川简阳原市长段成武因违法批地被免职，但在短短一周之后就异地再任职，被当地人大任命为资阳市财政局局长。被追责官员在稍微沉寂一段时间之后低调复出，已经不是什么猛料新闻，这则消息之所以还是引起舆论大哗，在于官员复出的速度之快，实在已经到了让人咋舌的地步。据当地官方的最新通报，在财政局长位子上屁股还没坐热的该官员，日前再次被免掉了职务。

按照当地官方的说法，段成武先前被免掉市长职务，似乎并非追责，而只是“为了有利于查实情况、整改问题”，而在一周之后转任上级市的财政局局长，则是恰逢“市政府机构改革期间”的职务空缺。在国土资源部正式通报四川省简阳市政府违法批地案的查处结果之后，当地有关部门才对段成武作出了党内警告处分和免职的决定。

通观来自当地宣传部门的新闻通报，似乎给人一种媒体报道有误的感觉，但在短短两个月时间之内，一个疑似对违法批地案件负有不可推卸责任的官员，经历了这么一场从（正处级）市长到（正处级）局长的职务变迁，两个职位都是肥缺，恐怕无论如何都无法被认为是一种凑巧和正常的行为。更何况，既然该名官员已经到了可能影响问题调查、需要被调离的地步，为何还会在其免职大会上进行那么“出奇高调”的评价？而且被免职的段成武还作了“较长篇幅的发言”。这都与以往涉事官员被处理前的架势存在质的区别，而此番对“免职一周即任新职”的官方辩白也因此显得甚是无力。

尤其需要警惕的是，即使到现在，在这名“负有重要领导责任”的前市长头上，其实只有“党内警告”这么一个能够在党纪国法中寻到出处的处分，算是货真价实，可能在特定的时间段内影响到该名官员的仕途。至于那被免掉的市长和局长的职务，根本无法在任何公职人员处分规章中找到依据，更不要说对官员有什么威慑力。只要“人才难得”，只要“组织需要”，再来一次短时间内转任他职，各方面条件几乎是完全具备。

“党内处分”作为五种党内纪律处罚之一，在《中国共产党纪律处分条例》第 12 条的规定中，仅有“一年内不得在党内提升职务和向党外组织推荐担任高于原任职务的党外职务”的限制。也就是说，“党内警告”不会影响官员的平级调动，只是在一定时间段内无法得到提拔罢了。而具体到行政处分范畴，《公务员法》及相关处分条例中对公职人员的处分，在列的只有警告、记过、记大过、降级、撤职、开除六种。也仅此六种处分，才会使得被处分公职人员在少则 6 个月、长则两年的时间段内，其“晋升职务和级别”受到影响。至于那个频繁在各种突发事件的追责过程中被使用的所谓“免职”，其实只能勉强划在干部任用的组织措施范畴，从来就不是一种于法有据的处分类别，也不会对官员的升迁有任何实质性影响。

从语义学角度考量，“免职”与“撤职”的含义极其近似，在日常生活的习惯表达里也几乎不被区别。但一旦需要进行严谨正规的法律表达，二者却断不能有丝毫混淆。问题在于，几乎所有的公职人员被问责案件，频繁被祭出的，却往往就是这个“免职”法宝。当然，每有问题被查处、事件被曝光，舆论风潮总是一时难平，公众对权责机关的追问也需要一个说得出口、拿得出手的交代。而另一方面，真正对一个公职人员进行问责，难免会遭遇到这样那样的阻力，甚至是“培养一个干部不容易”之类的说辞。在这样一种两难的处境中，“免职”便被选中，担此大任：既给公众一个官员已经被问责的感官错觉，又不对处分官员的进步产生实质影响。

“必须要有人为此负责”——几乎每次问题被查处后，舆论总是这么苦口婆心地吁求。但一个又一个官员，本应承担的责任，却被一句“免职”包裹得严严实实。谁在被欺骗，又是什么在被罔顾？有多少应该追究的责任被放过？有论者认为，“免职一周”是对国土部问责承诺的挑衅，殊不知问题的关键不在复职时间长短，而在“免职”本身——权力对公众知情的公然愚弄，已经到了肆无忌惮的地步。免职，免职，多少所谓的“追责”假汝之名？免职根本就不是处分，这样的常识亟待厘清，需要被不断重复。

[2010年11月1日]

“渭南书案”会否也只是换来一声道歉

事件 在未出具法律文书的情况下，8月19日，陕西渭南市警方将前《方圆》杂志记者、自费出版了纪实文学《大迁徙》的作者谢朝平从家中带走，仅口头告知谢朝平涉嫌“非法经营”，被媒体称为“渭南书案”。

观点 透过“渭南书案”，一个残酷的事实呈现在公众面前：反腐只有依靠清洁的权力之手。现在要让“渭南书案”得出一个能够经受历史检验的结论，恐怕只有寄望独立于渭南官方的调查者的介入了，否则最好的结果恐怕也只是按近来惯例对谢朝平说一声“抱歉”而已。

在未出具法律文书的情况下，8月19日，陕西渭南市警方将前《方圆》杂志记者、自费出版了纪实文学《大迁徙》的作者谢朝平从家中带走，仅口头告知谢朝平涉嫌“非法经营”，被媒体称为“渭南书案”。至今警方未按规定向检察机关提请批捕，原本答应召开新闻发布会的当地公安、文化各方，近日在媒体面前“集体噤声”。中国作协创联部昨天表示，陕西渭南警方带走报告文学作家谢朝平，是对作家创作权的侵犯；如有必要，该部门将会采取进一步行动，切实维护作者或作家的合法权益（谢朝平是四川省达州市作家协会会员）。

作家自费出书司空见惯，权力干预公民的自由表达也不是多么新鲜的事情，当一个作家的自费出书行动与“非法经营罪”扯上关系时，诞生的不仅仅是一个新闻，其中必有深不可测的内幕。据媒体报道，2003年8月，黄河最大的支流之一渭河遭遇历史罕见的长时期暴雨。洪水过后，国家发改委批复，同意将陕西省上报的灾区3474户村民外迁。按照国家、地方、个人共同负担的原则筹集，按照每户1.7万元的标准补助，中央补助共计5906万元。但直到2006年，村民仅获得50万元救灾款。而当时作为检察日报下属《方圆》杂志社记者，谢朝平曾到渭南采访移民款被挪用一事，并形成了两篇文章，但最终因为被当地“公关”而无法问世。谢朝平遂决定写一部三门峡移民史。3年中，他利用节假日6次自费从北京到渭南采访，终成纪实文学《大迁徙》。一言以蔽之，《大迁徙》披露了诸多移民问题，而依靠扎实的采访深揭腐败恰是其重要内容之一。

“渭南书案”中，警方的行动在程序上存在着不少明显瑕疵，这一点已为许多评论所指出。值得注意的是，围绕渭南移民问题，谢朝平远远不是命运最为糟糕的。在谢朝平之前，渭南市移民局工会主席李万明早在1992年就曾实名举报当地移民资金管理存在的诸多漏洞，工人日报派出记者调查核实后刊发了报道，而阅读这份报纸的100多个村民和200多个学生被当地政府认定为非法集会；李万明本人则在未通知家属的情况下，被渭南官方秘密关押了22天，直到中纪委介入才恢复正常工作。

当我们罗列这些媒体已经刊布的事实时，不能不为这场较量的坚韧性所震撼。较量的一方，虽然力量弱小却不屈不挠；较量的另一方，面对毫不对称的对手，却也拿出了狮子搏兔的精神，动用了拥有的几乎所有手段，以致剑走偏锋留下话柄也在所不惜。从这点看，渭南方面动用警力进京抓作家，颇有点像“急不择路”，渭南警方以涉嫌“非法经营”将谢朝平拘押，则近于“急不择言”。这就跟当初认定读报的村民是在“非法集会”一样，他们要的只是结果，过程如何无关紧要。

关于渭南移民资金使用中的问题，李万明举出了很多实例：“先后向某物资部门免息借出 400 万元，到 1996 年仍欠 74 万元未还；向某中外合资企业非法入股 300 万元，同时下属某县移民部门也向该企业非法入股 300 万元，该企业因效益甚差，资不抵债，被迫宣告破产，致使入股资金的本、息及红利分文未收……”在此，我们不拟作出“媒体审判”，轻率地断言，谢朝平、李万明乃至当地移民的反映和举报均属事实，但问题是，这么多年来，面对这么多公民的质疑，面对李万明举出的斑斑可考的证据，当地官方可曾做过一次像样的调查？与之形成鲜明对照的是，在全面封堵不利于自己的信息、不遗余力打击质疑者时，权力的反应却十分坚决和果断。这怎不让人疑窦丛生？

一场腐败与反腐的较量酝酿于 1992 年，至今日才被全国公众围观，不幸地走向渭南官方所竭力避免的一面，渭南官方的能量于此可见一斑。而从另一方面似乎也在证实一句名言——“文字比石头更加不朽”，真相终究是封堵不住的。

包括渭南官方在内，想必没人敢公开否认反腐是一个利国利民的正义事业，但透过“渭南书案”，一个残酷的事实呈现在公众面前：反腐只有依靠清洁的权力之手。现在要让“渭南书案”得出一个能够经受历史检验的结论，恐怕只有寄望独立于渭南官方的调查者的介入了，否则最好的结果恐怕也只是按近来惯例对谢朝平说一声“抱歉”而已。

［2010年9月4日］

期待特区再次给中国带来观念冲击

事件 9月6日，深圳经济特区建立30周年庆祝大会在深圳隆重举行。中共中央总书记、国家主席、中央军委主席胡锦涛出席庆祝大会并发表重要讲话。他强调，我们要勇于变革、勇于创新，永不僵化、永不停滞，不为任何风险所惧，不被任何干扰所惑，继续奋勇推进改革开放和社会主义现代化建设的伟大事业。

观点 深圳经济特区的决策者们早已注意到了“创新精神弱化”的问题，并拿出了“推进行政体制改革”、“加快建立公民社会”等应对办法。前者意在政府限权，后者意在对社会放权，一“限”一“放”之间，特区未来改革的途径已经相当清晰。但需要注意的是，“改革”是一个动词，而且永远是现在进行时态，而不满足于坐而论道正是特区风格之所在。

30年，在历史的长河中只是一瞬，但对一个城市而言，如果这个城市的主人有创造的激情和舍我其谁的使命感，却足以铸就其品质，奠定其精神。30年前，一个人口和资源都非常匮乏、默默无闻的小渔村被赋予了这种使命，现在，它已成长为举世闻名的现代化都市，在国际经济版图上牢牢占据一席之地，创造了人类自工业文明以来城市化的奇迹。这个城市就是深圳。

今年是深圳等第一批经济特区建立30周年，各种庆祝、纪念活动相继展开。作为“敢闯敢试”的代表，特区理当收获这份尊荣。但庆祝和纪念并不意味着实至名归后的坐享功劳，而是总结经验后的再次出发。

特区30年的实践留下了巨大的财富，这种财富既是有形的可以统计的，包括GDP、高楼大厦、高新技术产业等，也包括以“深圳速度”为标志的特区精神和“时间就是金钱，效率就是生命”等名言体现的新的价值观。而众所周知，作为“窗口”的特区，一直是中国其他城市观照自己、了解世界的媒介。在多数中国人看来，特区能走到哪里，很大程度上代表着中国能走到哪里。那么现在特区的高速发展之路，对中国的其他城市究竟意味着什么？易言之，特区的发展模式中蕴藏着什么样的普遍性的启示？

诚如评论者所言，深圳等经济特区的实践，“充分证明了只有改革开放才能发展中国”，“充分证明了发展才是硬道理”。类似的“证明”完全可以继续罗列下去。比如我们认为还有一个最重要的“证明”就是，证明了民众发展自己的迫切愿望和潜伏的惊人能量。历史地看，经济特区建立之初，的确在资本、劳动力以及土地开发等方面获得了一些优惠政策，但这种政策上的优惠只是发展的一个外因，只有人的因素才是特区发展的决定性的力量。纪念经济特区建立30周年，首先当然应该纪念改革之路上的引领者，没有思想的闪电的射入，就不会有今天的特区。同时我们还不应忽略那些过去被视为“淘金者”的普通民众的贡献，是他们看到了一个小小松绑所蕴涵的伟大意义，是他们敏锐地抓住了改变自己命运的契机，并进而改变了一个城市的轨迹。

特区30年，人们习惯于给这种路径冠以“敢为人先”、“前无古人”等称号，这是纵向观察的自然结果，而如果横向地看，应该承认，特区所进行的一系列改革都是一种“面向世界”的改革，遵循着人类文明发展的既定逻辑。胡锦涛总书记在深圳经济特区建立30周年庆祝大会上的讲话中指出，特区要“面向现代化，面向世界，面向未来”，这既是以往特区成功的经验，也是未来发展仍须坚持的方向。

走过30年的特区几乎无一例外地遇到了发展的困惑，即“改革动力弱化、改革精神淡化、改革阻力加大”。对此，广东前省委书记，曾任广东省经济特区管理委员会主任兼深圳市委第一书记、市长的吴南生，最近有深刻的分析，他说：“我们过去办特区，是跟极‘左’的思想斗，跟僵化的意识形态斗；现在随着改革的深入，各种利益博弈错综复杂，最大阻力就是利益集团。”“跟僵化的意识形态斗”相对容易，只要不争论多实干，干出成绩，自然让人心悦诚服，而当阻力来自实实在在的利益集团时，改革能否启动本身就已成为了一个问题。美国经济学家奥尔森在《国家兴衰探源》一书中认为，大量分利集团的存在是导致国家衰弱的重要原因。这种视角自可商榷，但至少提醒我们，应该努力避免公共政策为各种分利集团所绑架。

深圳经济特区的决策者们早已注意到了“创新精神弱化”的问题，并拿出了“推进行政体制改革”、“加快建立公民社会”等应对办法。前者意在政府限权，后者意在对社会放权，一“限”一“放”之间，特区未来改革的途径已经相当清晰。但需要注意的是，“改革”是一个动词，而且永远是现在进行时态，而不满足于坐而论道正是特区风格之所在。

曾几何时，深圳等特区的一些先行先试的动作轰动全国，无论是率先打破“铁饭碗”，还是首次实行工程招标，成立国内第一家证券公司，其引发的巨大思想震荡注定会进入中国人的观念史。什么时候，特区再给我们带来这样的观念冲击呢？

［2010年9月7日］

“发展事大，强拆有理”不能服众

事件 10月12日下午，一个网名“慧昌”的网友在某网站建立了新博客，并发布博文《透视江西宜黄强拆自焚事件》，次日财新网以“宜黄一官员投书本网”为题全文刊登。作者认为：“这一事件对宜黄造成了重大负面影响，如果因为这一事件导致正在进行中的城市化和工业化建设停顿，那么宜黄的发展可能后退五年。”

观点 坦率地说，这名官员的文章展示了部分基层官员的理念混乱已经到了何种程度。其津津乐道的发展至上观，不仅可以吞噬公民的私权，也可以抹去媒体的监督，还可以无视法律的存在，总之一切皆可为发展所征用。这样的发展观，如何可能构建通向和谐之路？快速城市化进程中的强拆悲剧，其深层的观念根源正是这种彻头彻尾、无所畏惧的权力发展观。

近日，一名署名“慧昌”的基层官员投书媒体，对前不久发生在当地的强拆自焚事件进行分析和梳理，其中多有为免职官员叫屈、为当地强拆辩解之意。因文章反映出部分基层政府和官员对待强拆与发展、私权与公益等方面的一些看法，媒体对其原文刊载，再度引发广泛讨论。

一起强拆引发的官民冲突，舆论能够全面呈现双方立场，可谓是一次难得的公共生活机会。这篇全文刊载的文章，虽然是以个人名义发表，但始终是以当地政府官员的身份发言，却又没有表明作者的公职身份。可见对于当下社会的公共辩论，参与者仍然缺乏起码的公私原则，不能很好地区分公职身份与个人立场。这也正是隐匿在强拆自焚事件背后的诸多理念冲突之一。

政府行政与公民维权之间发生冲突，甚至于流血、自焚酿成命案，政府在道义上就已经自输一筹。因为公权与私权之间的矛盾冲突，即使是完全合法正当的强拆，执行部门也必须尽到有力控制现场、避免人身伤亡的公共管理责任。这意味着政府只有在保全和尊重人权的基础上，公权运作才具有起码的合法性。但部分基层政府和官员恰恰是在发展问题上，完全达到了目中无人的程度，才导致理念错乱、冲突频发。

这篇反映部分基层官员看法的文章，就是目中无人的例证。文章名为“透视强拆自焚事件”，却完全看不到任何一句对具体生命的关切表达，即使是对一人死亡、两人重伤的惨烈结果，文章也没有表达任何人道的态度。相反，文章更多地谈论的是，所谓严厉问责的史无前例，对当地发展势头的严重冲击，主政领导的功大于过，等等。人只是手段，发展才是目的，正是这种扭曲的发展观贯穿全文。

在这种本末倒置的发展观图谱中，我们看到了一些基层官员对媒体介入强拆事件的不忿——“这次事件，从某个角度看，如果把事件的升级以及相关领导被处理看成是一种草根民众维权成功或胜利的话，那么与其说是钟家的胜利，不如说是记者的胜利，是互联网式民主的胜利。”——这样的思维模式，反向推导出对舆论的钳制和打压，因为只有控制了舆论才能控制事态。

我们也看到了视私权为无物的逻辑——“从某种程度上说，没有强拆就没有我国的城市化，没有城市化就没有一个‘崭新的中国’，是不是因此可以说没有强拆就没有‘新中国’？”——这种城市发展与公民利益的对立思维，来源于部分地方官员长期缺乏公众意识和民主训练，以至于连形式主义的兴趣都丧失殆尽。

我们还看到了法治政府的信条在一些地方只是书写在纸面上——“依法行政是必须的，但一切机械照搬法律，同样会犯本本主义的错误。法律并非一用就灵，其中的问题很多，如所谓的公共利益部门化，部门利益法律化的问题”——这令人恐惧的灵活性，且如此振振有词，法治政府尚且如此，法治社会何日可求？

坦率地说，这名官员的文章展示了部分基层官员的理念混乱已经到了何种程度。其津津乐道的发展至上观，不仅可以吞噬公民的私权，也可以抹去媒体的监督，还可以无视法律的存在，总之一切皆可为发展所征用。这样的发展观，如何可能构建通向和谐之路？快速城市化进程中的强拆悲剧，其深层的观念根源正是这种彻头彻尾、无所畏惧的权力发展观。

当官员的语境里念念不忘的只有“人民”而没有“人”，只有城市发展而没有民生冷暖，只有“权力”而没有“权利”，即使是以公共利益的名义，也显得如此突兀而令人恐惧。这名官员的文章是极好的一课，它让我们知道当下在一些地方社会发展的共识是如何被消解，实用主义和功利主义如何绑架了官员的公共作为，官员的理直气壮与公众的忍气吞声之间如何相互映照，甚至于如何在一个基层官员的心理活动中看到某一发展模式的注脚。

［2010年10月13日］

智利大救援，小国赢得了世界尊重

事件 北京时间10月14日上午9时左右，一个世界瞩目的时刻。第33名被困矿工——54岁的矿工负责人乌尔苏亚成功升井，标志着智利营救被困矿工行动胜利结束。今年8月5日，智利圣何塞铜矿发生塌方，33名矿工受困地下700米处，至10月14日全部被救，一举创造了矿难被困地下时间最长且成功生还的世界纪录。

观点 从某种意义上说，智利大救援就是一部最好的国家形象展示片，仿佛是一个国家表演的行为艺术。通过这次救援，世界开始更真切更深刻地认识这个南美小国。即使是小国，它的国民也可以很有尊严，在大难临头之时享受国家这个共同体巨大的荫庇；即使是小国，它在世界上也可以获得足够的尊敬。这就是智利大救援所蕴涵的世界性意义。

北京时间10月14日上午9时左右，一个世界瞩目的时刻。第33名被困矿工——54岁的矿工负责人乌尔苏亚成功升井，标志着智利营救被困矿工行动胜利结束。今年8月5日，智利圣何塞铜矿发生塌方，33名矿工受困地下700米处，至10月14日全部被救，一举创造了矿难被困地下时间最长且成功生还的世界纪录。在救援现场，除了智利的民众，更有两个国家的总统及1700名世界各地的记者见证了这一奇迹。

诞生奇迹的喜悦属于世界人民，因为不同种族、不同肤色、不同国家的人们从这次行动中看到了高扬的生命价值，诚如有媒体所评论，“智利营救矿工的行动凝聚了全世界共通的喜悦和希望”，而创造奇迹的光荣则当属智利这个国家。矿工全部获救后，智利总统皮涅拉在现场发表了讲话，他表示，他的国家“比以前更加团结和强大”，并“赢得了全世界的尊重”。从全球舆论的反应看，这当然不是夸口。从某种意义上说，智利大救援就是一部最好的国家形象展示片，仿佛是一个国家表演的行为艺术。通过这次救援，世界开始更真切更深刻地认识这个南美小国。即使是小国，它的国民也可以很有尊严，在大难临头之时享受国家这个共同体巨大的荫庇；即使是小国，它在世界上也可以获得足够的尊敬。这就是智利大救援所蕴涵的世界性意义。

作为南美后发展国家，智利在军人政权还政于民之后，政治、经济、社会都日益走上正轨，而多少有些意外的是，它让世界刮目相看的并不是其较高的经济增长率、在南美较为稳定的政局，而是今年的两次灾难。在本次矿难之前，智利大地震虽然强度高达8.8级，名列1900年以来全球第五大强震，但其人员伤亡却相对较小，地震中表现的国民素质也让人印象深刻。两种不同类型的灾难及其出人意料的结果，都凸显了智利的价值观，这种价值观用当地一名救援人员的话来表达，即“人是每个国家最宝贵的财富”。当然，要保证这样的价值观深深植入每一个国民的心灵，无法指望口头的宣示，而必须依靠坚强的制度保证。智利建筑防震方面的严格规定、灾后救援体制的完善使国民减小了损失，而这一次，一个生僻的词语“避难所”更简直让人如梦初醒。也许，智利矿工被困地下，在避难所中升国旗、吃大餐庆祝独立日，收看足球直播，天天洗澡，训练减肥的经历，会让世界学习如何真正应对矿难。

本次成功救援，有许多细节值得铭记。比如最后升井的是矿工负责人，而正是这名负责人组织了有条不紊的自救，并在井下与总统通话，要求后者“提供有力及时的救援”，“不要抛下我们”；比如看似轻松顺利的援救实际是以手术般的精确严密作保证的，救援启动之前，智利专家甚至为矿工在心理上可能出现的问题做了充分准备；比如，在救援成功之后，智利政府为保护矿工隐私，居然忘记了这是一个对外彰扬奇迹的绝佳机会，规定除非矿工们本人愿意，否则在他们出院之前，不准媒体采访或拍摄他们，违者将被追究责任；又比如，在奇迹诞生的极度喜悦之下，智利矿业协会主席在接受中国《东方早报》采访时却说，“监管问题更多出在政府而非单个企业层面”，并有几分煞风景地表示，“奇迹注定只会发生一次”。

智利大救援将给这个国家带来什么？关心政治的人在计算总统皮涅拉不断飙升的民意支持率。如果说皮涅拉不会也不敢拂逆矿工们的要求，展开救援属于责无旁贷，那么民众的掌声更多地源于赞扬其行动的效率和组织的科学与严密。而观察家们也许更会注意智利经此而来的国家气质的变化。智利的富人在行动，一名智利矿业主管签给每名生还矿工 1 万美元的支票，以表达他由衷的欣喜；人们在把矿工当英雄一般传诵，被困矿工在困境之中表现出的冷静、乐观、团结、友爱被视为一个国家的精神财富。毋庸置疑，智利大救援也是一次道德、情感的净化和洗礼，一个社会的道德感就是这样慢慢培育并获得显著提升的。

“智利万岁！”这是一名矿工升井后情不自禁的呼喊。那一瞬世界都在聆听，谁都知道这是一个国民在真诚地为自己的国家感到骄傲。

［2010年10月15日］

名家评论

MINGJIA PINGLUN

网络侵权立法，谁会得益？

◎胡泳

当《侵权责任法》在全国人大网公布草案，向社会公开征集意见的时候，一些宪法、民法、传播学及传播法等领域的学者曾在去年12月初召开“《侵权责任法（草案）》‘互联网专条’研讨会”，对其中涉及网络侵权的第三十六条（俗称“互联网专条”）提出若干建设性意见。尽管学者们对实施这样的规定来减少网络侵权行为、净化网络环境的初衷表示理解，但就“互联网专条”能否实现这样的立法意图，却表示了怀疑。

现在，《侵权责任法》正式通过了，第三十六条并未接受这些学者的意见，其全文如下：

1. 网络用户、网络服务提供者利用网络侵害他人民事权益的，应当承担侵权责任。2. 网络用户利用网络服务实施侵权行为的，被侵权人有权通知网络服务提供者采取删除、屏蔽、断开链接等必要措施。网络服务提供者接到通知后未及时采取必要措施的，对损害的扩大部分与该网络用户承担连带责任。3. 网络服务提供者知道网络用户利用其网络服务侵害他人民事权益，未采取必要措施的，与该网络用户承担连带责任。

为什么这样的规定不合适呢？传播法专家王四新等学者指出：第一，它有可能损害互联网产业的健康发展。原因是，它给网络服务提供者施加了过宽过重的审查义务。过宽意即给网络服务提供者施加了本来不应当承担的义务，过重意即网络服务提供者应当承担的责任超出了其应当承受的份额和范围，属于“苛责”。网络服务提供者为网络用户提供的服务，有些是网络服务提供者知道并且能够控制的，但也有很多是它们无法知道且无法控制的，在这种情况下，让网络服务提供者与违法用户承担连带责任，将置网络服务提供者于非常危险的境地。这除了会增加其运营成本外，还给网络服务提供者带来了经营风险。这损害的将不仅仅是个别的网络服务提供商，还会对中国正在蓬勃发展的互联网产业带来难以估量的损失。

第二，它有可能损害到公共利益。在促进政府信息公开、确保政府高效运作乃至反腐倡廉方面，互联网都发挥着任何传统媒体所不可能发挥的重要作用。而互联网能够发挥这样的作用，与网络服务提供者提供的各种各样的服务密切相关。因此，如果第三十六条为网络服务提供者施加不必要的注意义务，并且不加区别地要求网络服务提供者承担第三方实施的侵权责任，会使小的网络服务提供者破产，使大的网络服务提供者承担过重的经济责任。这样，必然会降低网络作为公共表达平台的质量，影响到公共利益，从长远来看，也不利于中国的政治文明发展。

第三，网络侵权问题不仅仅是个民法问题，还是个宪法问题。目前来看，《侵权责任法》完全是从民法角度立的，而没有考虑宪法。《中华人民共和国宪法》第三十五条规定公民享有言论、出版等政治权利和自由，第四十一条规定公民有权对国家机关及其公职人员提出批评、建议、控告、申诉。互联网及网络服务提供者提供的多种多样的服务，尤其是采用匿名的方式寻求、接受和传播各种消息和思想的服务，使宪法第三十五条和第四十一条规定的权利和自由的行使，获得了前所未有的技术支持。但《侵权责任法》第三十六条却有可能对公民享有的宪法权利造成一系列侵害。例如，限制网络服务提供者提供更多的信息，会不会也限制了公民依法享有的言论自由权？当官员以侵犯自身民事权益为由要求网络服务提供者删除、屏蔽对他们不利的内容时，会不会损害到公民对国家机关公职人员的监督权的行使？

对这些看法，或许也存在争议，然而法律既然已经通过，更应该关注的是它的可操作性。在半年内会不会出台司法解释或实施细则？网络侵权的法律责任如何细化，将值得我们仔细观察。特别值得注意的是，在这样的制度框架下，网络服务提供者和用户会作出什么样的选择？如果出现了诉讼，法官以什么理由作何种判决？如果此一法律在互联网实践中被严格执行，又会出现什么样的后果？

最近有两条新闻：2009年12月20日，呼伦贝尔市人民检察院对阿荣旗人民检察院检察长刘丽洁乘坐“豪车”问题作出决定，给予刘丽洁党内警告和行政记过处分，刘丽洁请辞检察长，她成了近年来继周久耕、林嘉祥等之后又一个被网友举报“拉下马”的官员；2009年12月23日，涉及“婚外情”隐私权争议的“人肉搜索第一案”尘埃落定，网上发帖的始作俑者在终审时被判侵害了王菲的名誉权，要对王菲赔礼道歉并赔偿精神损害抚慰金。

由这两则新闻可以看出，评价“互联网专条”的好坏将会是一个复杂的问题。如同传播法专家徐迅所指出的，如果未来由此获益的是王菲类的小人物，当然很好，网络内容会变得更文明些；如果受益的是周久耕一类问题官员，就会是最糟糕的结果，因为刚刚在网络上出现的对宪法第四十一条的精彩实践可能因《侵权责任法》这一专条的出现戛然而止。

所以，我们呼吁，在今后出台的有关《侵权责任法》的司法解释或实施细则中，一定要保持平衡，既要小心保护言论自由与舆论监督的权利，又要兼顾民事权益不被侵害。

［2010年1月6日］

微博在中国的兴起正逢其时

◎胡泳

7 月 16 日，搜狐掌门人张朝阳发了一条微博，说："微博的突然火暴非一日之功，乃互联网互动产品十年积累之大成。论坛是集体的，去中心的；邮件是个人的，但却是点对点的，延时的；博客是以个人为中心兼顾集体的，但却是非即时的；短信是近乎即时的，但只是点对点的。PC 互联网产品的左冲右突，演化和普及，手机作为信息工具的流行，十年的功底造就了这样一个以个人为中心兼顾群体关系的随时随地近乎即时的互联网互动产品，这是技术进步和用户行为演化从无数个可能性中选择出来的正果，不容易啊，请大家珍惜。"

这段话初听上去像是一个产业专家对互联网产品历程的十年总结，然而话尾的"请大家珍惜"五个字听起来却意味深长。是不是有人并不认可这个"从无数个可能性中选择出来的正果"呢？联系到此前中国微博网站发生的一些状况，这个呼吁显然不是无的放矢。

7 月中旬，搜狐、网易微博都相继经历了闭关"维护"。用户最多的新浪微博虽已运营一年有余，在 7 月 12 日却忽然变成了"测试版"，甚至最"根正苗红"的人民网微博都打出"测试版"等标志。"测试"的结果，是有些微博服务取消了搜索功能，有些则对站外链接进行限制。最新的发展是，新注册的新浪和搜狐微博用户都必须提供真实的身份证和手机信息进行验证。微博实名制似乎呼之欲出了。

今年，微博服务在中国获得爆炸式增长，其所实现的信息密度、传播频度以及网民联结度都远远超过此前任何一种网络应用，这可能是它在当下引起高度关注的原因。仅仅从最近的一些事件就可以看出影响力：玉树地震中，短短140字的网络信息，成为人们面对灾难时互通信息，寄寓情感，相互帮助的别样载体；一名跨国公司的前高管被一个微博作者指为假造博士学历，引发网民对克莱登式野鸡大学的查询和对精英诚信的拷问；一家知名报纸的记者因报道上市公司关联交易内幕而遭地方公安局全国通缉，数十万条有关该事件的微博被转发、评论，显现出中国公众对于新闻事件的巨大参与感，最终公安局撤销通缉并道歉；南京“7·28”爆炸发生后，网友第一时间在微博上开始“现场直播”……

可以看到，如张朝阳所称赞的微博特性——个人性、即时性、互动性——在这些事件中表现得淋漓尽致。关键是，以上特性并不为网民所独擅，也堪为政府和媒体使用，既可以作为采集民意的工具，也可以作为和民众沟通的良器。这方面业已出现了一些经典的案例。且不论今年两会中微博在网络问政中发挥的作用，以全国的公安系统而言，就发生了不少可圈可点的事情。比如6月3日广州警方微博直播枪击案，大胆利用新媒体公开重大突发事件信息，提升了警方的声誉，也让网友对政府微博在突发事件及公共危机中所发挥的作用产生更多期待。

广东省公安厅及21个地级以上市公安局全部开通公安微博，这已然产生了良好的示范效应。在刚刚过去的7月，北京警方宣布成立公共关系部门，预备开办官方微博，听取民意。北京市公安局局长傅政华说得好："由于互联网时代的到来，人们思想活动的独立性、选择性和差异性明显增强，涉警舆论必然成为各类媒体的热点，因此警方与社会公众、媒体、弱势群体进行公开、及时的信息交流和沟通，加强对社会公平、正义、公信度的宣传尤为重要。"

特别值得注意的是，北京市公安局在回答记者"对于有些网民的尖锐批评，警方如何处理，是否会有所限制"的问题时，表现出了足够的胸怀，可以作为各类政府微博的镜鉴："我们尊重网民的表达。对于普通公众关注式的批评意见和尖锐问题，我们也做好了心理准备，将直面市民质疑，并会积极联系网友，定期与各界意见领袖沟通，征得理解和支持。"

这正是政府微博应有的心态。第一，认识到微博在中国的意义远远超出社交网站，而是兼具言论表达功能和政治传播功能，并可以进行社会动员；第二，微博是一个意见领袖群集地，尤其聚集了众多媒体从业人员，已在某种程度上成为国内其他论坛甚至传统媒体的引领者，取得这些意见领袖的理解和支持，对于政府的健康运行和获取公众信任善莫大焉；第三，微博上的声音是多元的，其中并不乏尖锐的批评，网友在此不是寻求修辞与喜讯，而更多的是理性和真相。

综观一年来的发展，可以说，一种可观的微博政治在中国业已形成。微博是突发新闻的出色载体，言论表达的开放平台，参政议政的良好工具，也是政府阳光执政不可缺少的通道。当然，微博的经济意义也不容低估。更好地开展微博服务，有助于缩小中国在互联网技术、产品、影响力上同美国的差距，从而更充分地满足中国4亿网民的需求。

所以，微博在中国的兴起正逢其时。既然各大微博都变成了测试版，我们可以将其理解为试运行——在这个过程中，允许试错，允许实验，允许用户发展自治秩序。可以肯定，张朝阳"请大家珍惜"的呼吁中，"大家"既包括实验者，也包括管理者，因为归根结底，互联网属于中国每一个人。

［2010年8月2日］

维基泄密：技术与新闻的交叉地

◎胡泳

维基泄密（Wikileaks）网站今年成了敢于和世界上唯一超级大国的国家政权和军队对抗的孤胆英雄。2007 年 4 月份，它就曾因为披露美军在伊拉克操作阿帕奇直升机对地面上的人群开火，造成包括 2 名路透社记者在内共 18 人死亡的视频录像而名声大噪，今年 7 月，它再爆惊人之举，将其所获得的阿富汗战争情报提供给英国《卫报》、德国《明镜周刊》和美国《纽约时报》进行大幅报道，并在网站上将 9.2 万份美国军方机密文件公开。这是自 1971 年五角大楼泄密案后，美国军事史上最大宗的情报泄密事件。

事发后，白宫发言人、美国国家安全顾问、参谋长联席会议主席以及国防部长无不出来强烈谴责维基泄密，称其公开这些信息是“违法行为”，可能危害国家安全。同时，奥巴马政府又宣称泄密文件属于“过时”或“低级别”军事报告，果真如此，它们又怎会危害国家安全呢？最可笑的是，他们指责维基泄密不负责任，说这家网站没有跟美国政府联系过；又说鉴于维基泄密本身反对阿富汗战争，所以它不是客观的新闻来源。那也就是说，维基泄密刊发的文件都是不值得采信的东西。可这样美国政府又何必如临大敌呢？

维基泄密网站（http://wikileaks.org/）的简述则自称是一项“跨越多个司法管辖区域的，保护泄密者、记者、活动分子等拥有想向公众公开的敏感材料的人士的公共服务”。自从2007年7月成立以来，维基泄密就在全球致力于获取、公布和保护这样的敏感材料，并把自己的工作建立在一个原则之上：人类共同的历史记录必须是完整无缺的；所有人都拥有撰写新的历史的权利。维基泄密如此自述网站的宗旨：“我们相信，政府活动的透明导致腐败的减少、治理的改善，令民主政体更加强大。所有的政府都会因自己的人民以及世界共同体的监督而获益，而这种监督有赖于信息。历史上，信息是昂贵的，无论从人类生活还是人类权利方面来说都是如此。然而随着技术的进步——如互联网与加密术——传播重要信息的风险降低了。……我们相信，不仅需要一个国家的人民来保持其政府的诚实，而且需要其他国家的人民也来监督同一政府。”

可以清楚地看到，维基泄密的宗旨一定会令其与世界各地的政府发生冲突。一个事实上的网络国家（Netstate）正在崛起，威胁着现有民族国家。今后几十年，我们将会看到民族国家激烈的然而可能是徒劳无功的战斗，企图对一个越来越强大的、单一的全球互联网施加控制。

另外一方面，维基泄密所信奉的“所有人都拥有撰写新的历史的权利”也使它注定要和现存的新闻机构产生龃龉。纽约大学的新闻学教授杰·罗森把维基泄密称为“世界上第一个无国界新闻组织”。维基泄密整个架构设计就是跨国界的：维基泄密的服务器设在瑞典和比利时境内，两国都有全世界最严密的对新闻消息来源提供保护的法律。同时，它也在美国等多个国家设有服务器。维基泄密的工作团队仅有5名全职人员，目前，公开身份的只有德国的网络工程师丹尼尔·施密特和创始人朱利安·阿桑奇。来自全球的数百名记者、工程师、法律人士、视频加密专家，作为志愿者帮助它维持运转，许多人仅参加一小部分工作。这样的架构保证了，如果维基泄密在一个国家遭到打击，服务器可以马上转到另外一个国家去，令它得以置身于任何政府或法律系统所能染指的范围之外。

对这种崭新事务政府不知道该怎么办，传统的媒体也同样不习惯。当三家知名媒体——《卫报》、《明镜周刊》和《纽约时报》拿到维基泄密提供的文件拷贝时，它们遇到一个独特的困境：既无法核实消息来源，也无法阻止这家网站公布材料，不管它们自己是否打算做任何报道。三家媒体唯一能做的是，通过官方来源证实材料的真实性，同时从材料中挑选看上去最可信的部分。最终我们都看到了以两种形式发出来的信息：具有公信力的传统媒体所做的经过审核的叙事，以及网络风格的在线全文。如果三家媒体的编辑有任何胆怯之处或是盲点，全部会被后者暴露于天下。

《纽约时报》在报道前加了编者按，维基泄密在向其提供机密文件时，要求它只有在7月25日才能刊发报道（尽管它提前一个月就拿到了文件），因为届时维基泄密要在互联网上公布所有的材料。最有意思的是，编者按也说："应白宫的要求，本报也呼吁维基泄密勿在网上公开任何可能引起伤害的材料。"这里我们看到一种新的力量对比：国家有秘密要守，但却无力阻止秘密的泄露；无国界的新闻组织决定如何披露秘密；而全国性报纸夹在其中，充当为两方牵线谈判的角色。

你不得不佩服维基泄密的出色基础设施和做事策略，例如，有意把阿富汗战争秘密文件提供给少数几家媒体，制造市场稀缺性。现在，假如你是一个拥有爆炸性材料的泄密者，你是选择一家为某国政府法律所限的报纸呢，还是维基泄密？前者可能会被政府所迫，要求记者交出消息来源，而且你给到报社手里的材料可能上网，也可能不上网；而后者没有固定地址，不惧传票，还会把所有的东西都上网——并且，它还是信息加密方面的专家。

维基泄密向传统媒体提出的挑战在于：第一，这家以"人民的情报机构"自居的网站开启了一种高科技调查新闻，令新闻业不得不重新审视自己的报道习惯。例如，阿桑奇认为新闻应更像科学，原始数据、事实都应是可公开、可证实的。第二，维基泄密也创造了一种新的、更开放的新闻模式，或许我们可以将其命名为"竞争性众包"：利用传统媒体的自然竞争，把传统媒体的分析与传播能力与网络社区的审视与纠错结合起来。第三，这个全球性的"泄密机器"不受传统的记者规则以及平衡报道原则的限制。尽管阿桑奇号称要搞"科学化的新闻"，但他却又强调，他的使命是要揭露不公正，而不是对一个事件提供不偏不倚的记录。

伦敦城市大学新闻学教授罗伊·格林斯拉德指出，尽管维基泄密本身或许并不客观，但是它将更多原始素材公之于众的做法将让新闻更加透明。维基泄密本身不对文件的真实性作出判断，判断取决于读者、编辑和网络社区。张贴虚假材料可以很快被其他用户纠正，用户们的集体智慧可以快速准确地传播、核查和分析。

这意味着，很难把维基泄密归于任何一个传统的媒体种类。该网站的运营者既非新闻人，也不是真正的黑客。他们处在技术与新闻的交叉地带。

[2010年9月5日]

中国的公关业病态到什么程度？

◎胡泳

在一起遭受大量曝光的事件中，中国的乳业巨头蒙牛公司的高管及其雇用的公关公司因起用“网络推手”、“网络水军”损害同行业竞争对手伊利集团的商誉，再次把中国的乳业推上舆论的风口浪尖。然而，广受质疑的不仅是乳业，还有公关业。

公关业与乳业之间的这种“狼狈为奸”的关系，不是始自此次蒙牛—伊利事件。早在2008年9月，《南方周末》就曾刊登笑蜀的评论《无良公关凸显媒体病变》，认为某些媒体配合公关公司，在三鹿恶性事件中起了助纣为虐的作用。在这篇评论中，笑蜀把矛头直指危机公关产业，称其为“丑闻消音器”和“逐臭产业”。2009年1月，《南方周末》发表《三鹿曝光前被遮蔽的十个月》，其中说：“在那些日子里，许多环节只要稍有作为，许多时段只要愿作挽救，那近30万受害儿童就可免于毒奶之害。”而造成毒奶恶果的原因之一，是三鹿使用各种手段阻止媒体报道真相。《南方周末》发现，三鹿的遮掩与其一次“成功”的危机公关史有关：2004年4月，在安徽阜阳大头婴“问题奶粉”中，三鹿位列其中。当时三鹿集团成立了“危机公关小组”，由董事长田文华挂帅，副经理蔡树维远赴阜阳斡旋，结果成功公关，三鹿当年还因此曾被评为“中国最佳危机公关企业”。

而在蒙牛—伊利事件当中，我们看到，公关公司不仅仅是消除丑闻和“摆平”事端，还承担着通过恶意诋毁对手、愚弄公众以谋求私利的功能。可怕的是，这种“逐臭产业”在当下的中国生意兴隆。而且，该产业“与时俱进”，及时掌握了网络这一先进的工具：公关公司纷纷进军网络，在网络上，有意传播假信息和删除负面信息业已形成庞大的产业链条。在最近的QQ和360大战背后，恶意诽谤满天飞，“网络水军”遍地走，当所谓“网络营销”与匿名的互联网相结合，中国公关业最深层的病态暴露在世人面前。

一般来说，操纵舆论不是能够拿到台面上来说的事情，它是见不得阳光的。然而中国的互联网却有一个怪象，在一系列重大事件当中，乃至在互联网的日常实践当中，政治利益和商业利益对新闻和舆论的操控和冒充行为，已多到操纵方不加遮掩、接收者熟视无睹的地步。操纵者不以为耻，接收者不以为怪，中国互联网就形成了这样一种鱼龙混杂的荒诞局面。

例如，一家名为“××互动营销”的网络公关公司的首席执行官在业界年会上公开宣称：“我们是互联网上专业的网络公关公司，我们先后服务于100多家知名公司、相关行业的领军企业，拥有监控10万个论坛及维护言论的能力，拥有1000人的营销队伍，拥有独到的网络言论监控系统，可以第一时间提供网络言论的监控报告，同时对相关言论作出反应。”这段话让我毛骨悚然，不仅是因为该公司所吹嘘的监控言论的能力，更是因为这种肮脏的交易竟然可以堂而皇之地在大庭广众下作为成就来宣扬。

如此公关业的存在，其巨大的恶果，就是在“危机公关”的紧锣密鼓之中，把一家企业的危机转化为一个行业的危机，最终把一个行业的危机转化为全社会的危机。保障中国互联网健康发展和拯救社会信任危机的良方无他，在于努力推进一种健康的民意表达机制以及各方利益的合法博弈机制。如果民意表达能够比较通畅，不仅对政府的监督通畅，对于那些不良企业也能以有力的方式来制约，那么“有意传播的假信息”活动的空间就会大大缩小。否则，如果社会普遍缺乏对真相的认知，民众的焦虑和不稳心态将会对中国的安定造成巨大的威胁。

至于说到企业，如果中国式的“公共关系”永远与公众无关，只是用作公司害怕面对用户的借口和吹嘘自身的手段，甚至更加糟糕的是，越来越变成消除负面信息、攻击竞争对手、操纵舆论、把公众当猴耍的工具，那么，不论公司大小，危机总会爆发，而且，一旦爆发就会呈现雪崩效应。微博时代，千夫所指，无疾而死，况有疾乎！

[2010年11月6日]

政府的就业年龄歧视，理应检讨在先

◎于建嵘

59岁的河南新任省委书记卢展工，体验应聘一家广告公司的媒体发展员，被对方以“年龄过大”拒绝，即使“有一定的社会关系，能拉来一定的项目”也不行。“看得出，卢书记还是有点失望。”

书记“微服私访”体现出了亲民的作风，应该为之叫好。但且让我善意地“批评”一下，那就是书记的体验未免有点“不识时务”。一则不了解就业市场竞争的激烈，用网友的话来说，招聘会上59岁找到工作才不正常。二则以59岁的“高龄”，更应在依靠社保解决养老问题这方面努力，而不是找工作。三则想要利用社会关系资源，那得私下勾兑，也不能去招聘会啊。因此，在我看来，卢书记此行的意义，只是“发现许多招聘岗位均有年龄限制”，更确切地说，是他对此有了切身体会，对年龄歧视的严重性有了更深的认识。

众所周知，招工就业中的年龄歧视无所不在。35岁大限出现在从公务员招考到白领聘用、农民工招收等方方面面。但真要去问个为什么，却往往得不到确切的理由，更多是人云亦云的潜规则。但这居然不违法！《就业促进法》第三条规定，“劳动者就业，不因民族、种族、性别、宗教信仰等不同而受歧视”，其中未提到年龄。《劳动法》第十二条也是如此。这样，“4050”人员输在了找工作的“起跑线”上。不要说在市场上遭遇就业困难，就是想考政府公务员，不也一样不可能吗？

卢书记体验到中老年人找工作的不易后，后续动作可能会是政府加大对弱势群体的帮扶力度。但我们不能光做这些容易“讨好”的事，而不做应该做的更为基本的事，那就是落实“4050”人员平等的就业权利，促进就业年龄歧视非法化，“消灭”35岁大限现象和其他年龄歧视潜规则。在我看来，卢书记可以做的包括以下三点：

首先，尽管国家法律法规尚未禁止就业年龄歧视，但更没有允许或鼓励这种做法。卢书记作为对一省负责的最高官员，可以在自己职责范围内，率先推动河南当地对此进行立法。给予“额外”的照顾很好，但制定平等的就业规则更重要。“4050”要的，更是平等就业这个基本权利，是不会一听年龄就被用人单位拒绝，而不去看他是否符合这个工作岗位。如果法律禁止年龄歧视，“4050”就更有机会依靠自己的劳动有尊严地生活，毕竟有多少人乐于处在被照顾的弱者地位呢？

其次，应该清查一下河南省各级各类法律法规红头文件等，看其中是否有年龄歧视的规定，查查四套班子、财政供养单位、国有企业在聘用职工时，是否存在年龄歧视。靠自己查还不够，还应该欢迎公众举报。查了还不够，更要对此作出切实的改变，先从自己的“地盘”做起，给社会作出表率。如果政府部门都做不到杜绝年龄歧视，又有什么资格感慨 59 岁在社会上难找工作呢?

再次，卢书记还可以将自己的体验向中央汇报，以推动更高层次的禁止年龄歧视的立法工作。若《公务员录用规定》还将报考年龄限制在 35 周岁以下，省委书记们又有啥底气去指责有样学样的社会单位呢?

书记的“微服私访”已经受到了普遍赞扬。但传说中、电视剧里的微服私访，往往只是故事的开始，更精彩的在于如何处理“访”出的问题。而比起具体帮扶措施，我更想看到的是在就业年龄歧视方面开始发生制度性的改变。

[2010 年 1 月 12 日]

打破谁先改革谁吃亏的僵局

◎鄢烈山

这几年，广州市老地标珠江上的海珠桥，以“跳桥”秀场闻名全国。这座公路铁桥的结构，与用钢索斜拉等高新技术建起来的诸多珠江新桥不同，适于人用手脚攀援上下。比如上次被一老哥从桥上推下来的那个茂名访民，要爬到海珠桥上喊冤，本省湛江、佛山、惠州等地的访民也要“造访”这座名桥……一搞就是封路救人，搞得必经此地的市民不胜其扰。来此作“跳桥秀”的人，目标很明确，就是让他的“案情”引起媒体关注，放大其喊冤声让有关部门受到舆论压力，或可得到公道的处理结果。

一来是总有人作“跳桥秀”，没有“创意”，也就没有多少“新闻性”；二来是媒体这么有闻必报等于鼓励效法者，会讨受扰市民的厌恶。本来，这两三个月广州媒体上已没有“跳桥秀”报道了。不料，新年才过几天，居然有江西南昌人“慕名”来爬海珠桥了！据 1 月 10 日媒体报道：他们一行 4 人，是南昌市新建县望城镇青西村村民，因不满当地截留在建高速公路的征地补偿，为了讨回救命钱才做出此举。别看他们是村民，甚至第一次到广州，但很精明，也很通情达理。他们说考虑过不想给广州市民造成太大不便，才选择在周末；

他们分工两个人一南一北，趁保安没有注意时，迅速越过栏杆爬上桥，挂起表达诉求的横幅；见记者来了，桥下的立即对桥上的两人喊：“你们下来吧。”至于被警方带走，早已与路费一起算在“喊冤”的成本之中；而他们临行前，村民们是否像小岗村民当年搞大包干按了手印，承诺有难同当，不得而知。

这些村民称是从电视上看到海珠桥的“喊冤”功用的。他们可曾知道，江西省今年新开通了“网上信访”省委领导的喊冤渠道？我是从2010年1月1日的《中国青年报》上看到的。经媒体推荐，我今年开始看人民网的舆情频道。直到我写这篇文章的1月11日下午，《江西：群众可“网上信访”省委领导》这则新闻一直盘踞该频道的头条。这么好的新动向，江西的电视、报纸难道没有向江西群众广泛宣传？当然，我明白好“政策”要落实很难，下边会有“对策”。就算是至尊的《宪法（修正案）》，就算与时俱进的《物权法》，大肆宣传过，不是也还没管住强拆强征吗？

这且不去深究。我想说的是，广州的媒体在新闻报道的开放度与舆论监督方面的力度，相对而言，在全国是比较领先的，这在业界得到同行认可，在内地得到江西老俵以这种“用脚投票”的方式承认。这对广州市民、对广州媒体是福还是祸，我还真说不清：城市美誉度提高，市民生活受影响。

俗话说“人往高处走，水往低处流”，就包含有“洼地效应”这层意思。媒体报道和民意表达有“洼地效应”，其他方面也一样。“洼地效应”其实是一种不均衡状态产生的，有时又可以称为“溃坝效应”，久蓄未疏导的积水一旦找到个宣泄缺口，必然会给下游洼地造成洪灾。深圳经济特区当年靠的是改革开放先行先试的特殊政策，吸引了全国的“孔雀东南飞”，这是典型的“洼地效应”；但为了防止“溃坝效应”，同时设立了严格的“边防证”制度，限制人潮“入关”。北京、上海如今靠什么法宝汇聚了全国那么多资本和人才且不论，户籍和高房价则肯定具有防止“溃坝效应”人海淹城的作用。如果附着在户籍上的那么多福利与特权不尽快削减，中央政府在财税缴纳和分配政策方面没有相应地调整，哪个大城市和地方的官民愿意且能够“打开大门迎闯王（吃大户）”？

改革开放之初，比如小岗村民搞大包干、年广久卖傻子瓜子，冒的是政治风险，可能被加上搞“资本主义复辟”的罪名坐牢。如今搞体制性改革，则主要是利益风险，在很多方面是谁先改谁吃亏，“洼地效应”变成了“溃坝效应”。这也是城乡二元的户籍制度虽被口诛笔伐而北京、上海等地近乎严防死守，广州等大城市疑虑重重的缘故。其他的，比如官员财产公开制度的推行，如果没有全国统一强力推行的政令，也是哪个地方的官员先推行哪里的官员就会“吃亏”。

怎样才能打破谁先改革谁先（对内）开放谁吃亏的僵局？这里，有些是要全国一盘棋统筹推动，从有利于国家发展和民族振兴的大局出发，特别是要确立以公平负担为基本原则、均衡发展为大目标，在政策倾斜和资源分配方面不搞向权力中心集中的“马太效应”，继续人为扩大城市间、地区间、官方与民间的差距；也有的是要重申自由竞争的市场经济取向，并重视公民社会建设。话题已扯得太远，算是由联想而提出一个问题吧。

［2010年1月13日］

“全民公益”从哪里开始?

◎鄢烈山

“2010全民公益启动大会暨全民公益（广东）论坛”本月5日召开，我很认真地看了相关报道。我是很赞成“全民公益”这个口号的。但是，我在想，何谓“公益”? 实现全民公益的社会条件有哪些，从哪里抓起?

也是5日这天，我与妻子逛修整过的沙面，来到了基督教沙面堂，我拿了一份“圣餐早堂主日崇拜”仪式节目单，看到其中“奉献”（捐款）一节写的是：“少种的少收，多种的多收，不要作难，不要勉强，因为捐得乐意的人是神所喜爱的。（众唱《献礼文》）”前两句相当于佛教讲的“福报”、“功德”，自然是希望信徒多捐；后面的话才打动我，强调自愿，强调发自内心，你“捐得乐意”才是神所喜爱的。这与“比逼”、“逼捐”和动辄要人“裸捐”合情合理得多，是劝人行真的善，因而是美好的、可持久的。

阳光文化基金会的主席杨澜有个很好的比喻，中国的公益慈善事业要像一个热带雨林来发展，一是公益慈善事业应该非常茂盛，二是慈善公益事业的层次要丰富。“有着雄厚政府资源的大型慈善基金会独木难成林，不可能承担过多创新的风险，在回应社会问题的速度方面也不如草根社区的公益机构来得快，所以我们的慈善体系应该是既有灌木、乔木，又有藤蔓、花草，不同的慈善机构找到各自位置，而非简单重复。”各种官办机构和民间组织，多金和少金之人都来参与，各尽所能地作奉献，这才叫“全民”，才是合理的健康的社会生态群落。

但是从公益论坛的报道看，这些“领军”人物基本上还是把公益慈善的概念等同于、局限于捐赠了。杨澜说的主要是：“捐多少不重要，重要是捐的结果”；北师大壹基金公益研究院院长、民政部社会福利和慈善事业促进司原司长王振耀，讲的主要是各级领导要带头（要求）落实捐款免税；而一直做慈善的徐永光同志，虽然很有针对性地提出了“自愿和快乐，是检验慈善真伪的标准”，但他说的“官办”公益的第一要务是“去行政化”，仍然主要是反对募捐搞摊派，搞“运动式”，以政府包办的“被慈善”挫伤公众参与慈善（捐赠）的热情。

“慈善”的概念是大于、是包含“捐赠”的，比如，我们帮助孤寡老人和空巢老人，照料残疾人和失怙孩子的生活，这时没有捐款却是在做慈善，“捐”的是时间、精力和爱心。而“公益”的概念又是大于、是包含“慈善”的，比如，亚运会期间无条件参与的志愿者，那些为废止垄断行业的霸王条款而打“一元钱官司”的公民，敦促各级政府机关依法公开财政预决算信息的律师吴君亮，他们都是为了公众利益和社会进步而行动，但不能说在搞慈善。

“全民公益”就是说，全民不分男女老少、贫富贵贱都可以做“公益”，全社会有一种“勿以善小而不为”的氛围。这种社会氛围应该让人觉得很友善，有一种如沐春风的愉悦感，至少不是冷漠和敌意的。以我的感受，这一点在中国的香港、台湾，在日本，基本上实现了——服务人员及与你照面的陌生人，都是笑脸相迎；在巴黎，只会认几个英语单词的我和旅伴，多次有热心人主动上前来给显得迷惑的我们指路和带路。

我很赞同黄华华省长说的“全民公益兼善天下”是全民公益时代的主旋律。但“兼善天下”与“兼济天下”一样，前提是起码要“独善其身”吧，即古人所谓“一屋不扫，何以扫天下?”说到“扫”，我看上海大街小巷的人行走道一般都是干净的，虽然比日本的一尘不染还有较大差距；几次住香港大学，都看到每天傍晚有用水龙头冲洗“自家”院门前人行道的；而在广州，比如我住的这东兴南街，临街各家各店的人行道虽然铺了瓷砖，没有成堆的垃圾就算好的，一律脏兮兮的；其实每户保洁、每晚冲洗一下只是举手之劳，市容整洁和自己养眼，公私两利都不能推行，还谈什么“全民公益”?

说“公益”包括捐款济困，包括帮助老弱病残孕，包括做义工，这不就是“学雷锋，做好事”吗?的确，雷锋虽然是搞阶级斗争和领袖崇拜的上世纪 60 年代树的典型，总结的雷锋精神是“对待同志像春天般的温暖；对待工作像夏天般的火热；对待个人主义像秋风扫落叶一样；对待敌人像严冬一样残酷无情”，但他广为人知的事迹里并没有“冬天”的故事，只有“春天”的温情。所以，不搞阶级斗争、不天天读《毛选》的今天，雷锋并未过时。

然而，综观雷锋“做好事”，那是一个道德自我完善的典范，并不涉及制度改革和社会建设。现在，我们讲“公民公益”当然要切合我们这个时代的特点。我认为，要推行、要实现“全民公益”，要分三个层面来抓：一是基础秩序的建立和维持，二是公序良俗的建设和养成，三是公民的“行善积德”、助人为乐。

所谓基础秩序建设，首先是实现司法公正，惩恶罚罪，让弱肉强食、恃权恃财横行霸道的“丛林法则”行不通，让“男盗女娼”、坑蒙拐骗者有所畏惧，让“人善被人欺，马善被人骑”信条而不是社会道德底线“溃败”；其次是有真正的而不是敷衍的“行政问责制”、政务公开制度以及诸如王振耀同志说的慈善捐赠免税制度等，赏罚分明才能引导社会向善。食品药品监督官尸位素餐，制假售毒者有恃无恐，人心惴惴不安，还奢谈什么“全民公益”？

所谓公序良俗的建设，我理解为首先是职业道德、专业精神和良风美俗的规范、培养。比如，我很不满很多单位包括行政机关、文博场馆、银行甚至餐馆，下班前10多分钟就不办事甚至开始撵人了；如果你有必要这么做，那你干脆就把关门打烊的预告时间提前呀，给人家一个明确的预期信息嘛！又如，我们有些机场和海关的警员一副冷脸，甚至动辄教训人，与境外如香港的同职人员态度相差那么明显，这种“风俗”该不该改？又如，颁行了公共场所禁烟令，一些餐馆怕失去部分食客而不敢劝阻吸烟者，移风易俗的法定责任呢？不过，更重要的是公民社会建设。在民间组织实现的公民自治，相当于一个“熟人社会”，其间非常有利于建立公序良俗，因为个人信誉攸关。

有这两者打基础，叫“全民公益”也好，叫“学雷锋，做好事”也罢，又各尽所能去做善事，才不会是作秀，才不会流于唱高调喊口号，而真正形成互利互助友善和谐的社会环境。

[2010 年 12 月 12 日]

文字有包容，民族更凝聚

◎党国英

2008年舆论的一个小事件总难以忘怀。国家教育部的一个机构发布了一项关于调整若干汉字写法的意见，引起了一些社会人士的激烈反应，持批评态度者甚多。这多少让我感到意外。依我看，教育部的意见大体不错。以“亲”字为例，书写时以一竖替换竖钩，好像使这个字看起来更顺眼一些，而学生学起来也会容易一点。教育部大概听了文字专家的意见，而文字专家毕竟不是吃干饭的。我自己的想法还要比文字专家们更狂妄一些——不仅汉字应该多变一些，汉语也应该多变。要让所谓汉字和汉语不仅仅姓汉，更要姓华，姓中华。

墨守汉文字的旧写法，很不利于中华文化形成自己的开放性。中国的文字是汉文字，尽管在我们的人民币上用好几种文字来标定面值的大小。汉文字通过革命政权的文化工作由繁到简，变得更容易学习和传播，这是革命政权对中华文化的一个贡献。如果要现在做这件事情，十有八九做不了。真怀疑有一种潜在心理，费了九牛二虎的力气学得汉字书写能力的文化人，把自己对复杂汉字的书写本领看作资本，不大愿意别人轻松地与自己比肩而立。汉文字是书法艺术的操练对象，但我看书法是书法家的事情，不该拿这个理由绑架其他想要轻松写字的人。日本曾经用汉字，现在用自己的文字，也不妨碍日本出汉字书法家。

中国开始与西方世界深入接触以后，我们遇到文字翻译方面的麻烦，而这种麻烦也与我们使用文字过于保守有关。把 boy-cott 另写为“杯葛”不合适，但把主要拼音文字国家的一些专属人名和地名直接用原文表示，我看很有好处。例如，Chicago 这个地名可以直接加在汉语文字中，不必翻译成“芝加哥”。汉字的字词有一定的包容性，不仅不会丢失特征，反而更有利于它的广泛传播。

当然，当务之急不是汉语的世界化。让汉语改革为中华民族真正成为一个民族实体作些贡献，总可以吧？我们过去不仅没有为此作出努力，反而似乎做了一些相反的事情。在过去几十年里，书面汉语基本上为讲汉语的人服务。在一些歌词中偶尔可以用到边远地区居民（即常说的“少数民族”）的词语，如“亚克西”、“巴扎嗨”等，在中小学教材和主流媒体的文字中则十分罕见，至于官方文件，则更是追求汉语表达的纯净和正统。上世纪革命政权建立后，官方还为某边远地区的居民专门创造了文字，然后说人家是少数民族。幸亏讲闽南话的人和客家人主要生活在人口稠密和商贸发达的地区，否则也会被称为“少数民族”了。在中国的精英阶层，似乎有一种偏好，以为在中国大地上民族越多越好。在“民族”这个词语的使用上也显得有些混乱，一方面讲中国是多民族国家，另一方面讲中华民族，以致后者显得抽象，或者让人感觉到中华民族的实体就是讲汉语的民族。

谈谈法兰西民族的形成过程，或许能帮助我们加深对这一问题的认识。法国人自古操多种语言，包括 Wendéen、Poitevin、Breton、Basque、Flemish、German 等等，人们用这些语言相互交流几近不可能，以至大家学用拉丁语交流反倒更省事。1863 年，法国乡村人口的 1/4 干脆不懂法语。在 400 万学龄儿童中，几乎一半不会书写法语。面对这种情形，法国的革命精英们没有着急去划分不同的民族，相反，他们着力于通过法语的普及来塑造法兰西民族。经过十几年的努力，法国的小学生就写下了这样的文字：法兰西是花圃，各省是花圃里的花朵。

在一定历史时期，民族问题是一个国家最大的政治。中华民族应是一个实体；在中国大地上，不同地方的人有不同的生活习惯，甚至有不同的语言，但既然生活在一个国家实体中，政治家和社会精英们就应该努力使这些居民凝聚为一个民族实体，而不是通过政策和文化传播来刻意扩大这种差异。即使在中国大地上有一部分居民和境外居民有传统的文化联系，符合被称为“民族”的要件，那也不必畏首畏尾，反而应该付出百倍的努力来促进中国所有居民在经济和文化上增加凝聚力。人类本来有共同祖先，因为以往数百万年发展演变的某些局限，才有了不同地区居民之间的差异。从未来人类的光明前景看，这些差异不是什么大不了的事情；为消除这些差异而努力，符合人类发展的根本利益。文字和语言方面的政策，也顺应这种历史趋势。

如何塑造中华民族实体，是该认真想想了。能熟练使用汉字和汉语的中原地区居民应有一个开放心态，对文化传播有重要影响的政治家和其他社会精英，则应努力用边远地区居民的常用语来丰富汉语词库，并用汉字来表达它，让中华民族的每一个成员来使用它。据我了解，边远地区的国人已经在自己的语言里吸收了中原汉语的不少词汇，而中原居民却很少了解边远地区居民的语言词汇。这不是中原居民的光荣。中原地区的社会精英们更应该自责，认真地反省自己的短视对中华民族的消极影响。

[2010年1月17日]

由“炮楼维权案”透视语义不清的“土地承包权”

◎党国英

武汉杨友德维权案引发的议论，很多我是赞成的，但我怀疑媒体报道和评论没有讲清楚政府方面的“理”。20多亩地真的是杨友德的“承包地”么？按武汉郊区的农村人口密度，一户农民不可能有那么多的承包地。那么，他怎么有那么多的承包地？如果这么多地并不是杨友德真正有的承包地，那么，政府方面只给杨友德补偿地上青苗和附属设施，似乎就有合理性。但这里有蹊跷，我们要费点口舌才能说清楚。

本来，“承包”一词的法律含义是“合同”，在翻译为英文时，也把它翻译为“合同”，即contract。实践中使用这个词，通常是指合同关系的一方完成一定的业务，从另一方取得报酬。一般不会把那种合同一方长期使用另一方的财产的经济关系，叫做“承包”。

农业中的土地承包的说法，其实来自农民。当初不是指“承包”土地，而是指承包一定的农业生产业务，即粮食产量。这个时候，使用“承包”这个词是符合中国语言习惯的。

后来，“承包”的含义发生了变化，但用词没有改。这样就把集体土地的使用权叫做了“土地承包权”。这个词后来干脆成了正式的法律用语。这个词在后来被继续含混地使用，其中有两个很不相同的意义搅和在一起了。

第一个意义是基于普遍制度的土地承包权。在这个意义上，每户的土地大体平等分配，数量不大，且不收取费用。例如在武汉郊区每户大体 5 亩左右比较符合实际，因为那里人多地少。

第二个意义的承包，有很不同的意义，多是将集体留存的未搞平均承包的土地（也多叫机动地），用竞标的办法承包给农户，另外实行收费。期限长短各地不一样，收费方式也不同；有的地方是一次性收取多年的费用。杨友德的土地的一部分或者全部也许属于这个情况。这部分土地在农户之间分配不同，那些经济情况好的农户有较多的这类承包地。国家对这部分承包地的政策一直比较含糊。中央曾经下文件要规范“机动地”，但各地并没有认真执行。按理来说，这部分地应该平均分到农户，谁需要土地可以通过流转方式办理，但这样做的大概不多。以上两种情况的前一种，农民会把土地看作是“自己的”，但后一种情况就不一定。对于前一种情况，当土地被征收时，农民应该获得土地补偿费，这没有什么含糊的地方。第二种怎么办，因为实践中权利确定不清楚，操作起来比较麻烦。

如果对第二种意义上的承包地按照国家规定在征地时进行补偿，那些地少的农户有意见，因为这部分土地本应该平均分配。合理的办法，是将土地补偿费给集体，集体将补偿费平均分配给农户；另外，对于这类土地的承包户也进行补偿，但主要应针对土地上的投入进行补偿，具体应该由承包户和集体进行谈判。如果当初的合同已经有关于征地补偿的条款，就按合同办，如果没有条款，则另行协商。麻烦的是，如果农户在这类土地上有大的投入，集体大多没有能力赔偿，因为当初集体收了钱以后，已经把钱用光了。估计在杨友德的案例中，已经陷入这种僵局。

对于如何打破这种僵局，各地当然想马马虎虎地处理，只要地能征走就算了事。现在是杨友德不愿意马马虎虎了事，就有了当下的冲突。

类似杨友德案例的情形其实在全国很多。处理这类问题没有一个一刀切的好办法。依我看，最终解决问题的办法是政府多让一点步。一方面，要把土地补偿费给集体，然后让集体再把钱分给村民；另一方面，要对这类土地的承包户的投入作合理补偿，不能让他们的利益受损。如果集体拿不出钱，政府就拿出来。这类事情上，政府大方一点是应该的。

要从根本上解决这类问题，必须把上述两种“承包”统一起来。最好改变法律用语，以明确区别不同权利关系。

应该把那种基于农户平等权利的“土地承包权”叫做“地权”，不再使用“承包权”这个词。最好把村里集体的所有土地都分给农户，不留机动地。如果农民同意，也可以留少量的“公地”，并可以由集体把这些地承包给农户，承包费应该归集体所有，或用于公共开支，或分给每个农户。对这种土地的使用权，可以叫做“承包权”。对于历史遗留问题，即那些未按平等原则承包出去的土地，还是应该早点处理。越早处理越好。

写到这里，不禁一声叹息。土地作为国民的最珍贵的资源，本应该认真地用法律来规范它的使用，最大限度地防止权利设置的混乱，但我们偏偏在这方面留下了许许多多的模糊与混乱。说要建立法治国家，为什么又允许在很多方面保留马马虎虎的做法？土地纠纷关乎社会稳定和国民利益，能不能先在这方面系统地修订法律，规范法律用语？成都土地确权改革的经验证明，虽然处理这类问题有麻烦，但办法会比麻烦多。关键是态度，特别是高层决策者的态度。

[2010年7月3日]

思绪纷飞悼定剑

◎党国英

蔡定剑教授不幸离世，应该是今年中国的重要新闻事件之一。

早就知道他有病，但没想到他病重，更没想到他这么快就离去。心里难过，为他，也为和他心有相通的仁人志士。

和定剑教授交往并不密切。早先是在媒体上看到他的大名，后来在一些会议场合见到他。他讲话不是那种恣意汪洋的风格，更不剑走偏锋，语不惊人死不休。听得出他是见过世面的人，说话不紧不慢，娓娓道来，透出一种自信。他讲话信息量大，引人入胜，我感到大家都喜欢听他讲。

通过一次会议对他有了更多的了解。他是会议的发起人、主持人。时间是 2008 年 12 月 27 日。会后揣摩，他对这个会很用心。参加会议的有王贵秀、毛寿龙、张鸣、汪玉凯、吴思、展江、于建嵘、赵树凯、任剑涛、袁绪程、高放等 20 余人。来参加他组织的会议，至少说明大家对他以往所做的工作有认同，但我以为不仅如此。

会议的主题大概记得是谈过去体制改革和法治建设，作点反思，估测未来。与会者的共同之处是比较理性，但又各有思想语言风格。大家都敞开心扉讲话，很投入，很认真。

记得定剑在会上听得很多，说得少。看他精力已不是很充沛，我也不太在意，以为过半百之人，治学过于投入，自然不会活力奔放。现在想来，当时他可能已有病魔上身。

这次会后，和他的助手通过电话，记得说要编辑出版一个集子，好像和会议内容有关。后来怎么样，我已不大记得。以往参加很多会议，大多过后就忘得干净，但对这次会议的感受总留在心里。

定剑教授最后有一个发言，不很长。他主张体制改革必须继续放权，主要是中央给地方放权；加强全国人大常委会的地位，修改选举办法；扩大基层民主，支持NGO大力发展。他还评价了过去的改革，认为有成绩，有曲折，有不足。因为他在全国人大工作过很长时间，掌握的情况比较多，对改革的复杂性认识比较到位，所谈内容便比较实在。总体看，他赞成渐进改革。

如果定剑继续健康地活着，相信他还会做很多有意义的工作，可偏偏天妒英才，让他早早离开大家。中国知识界，像他这样治学勤勉，又有很好平衡感的学者，并不是太多。他的逝世，的确是中国知识界的一个损失。

这几年，时不时听人讲，说中国知识界人士的平均寿命要小于全社会的平均寿命。因为这个说法好像不是来自专业统计调查机构，便不敢完全相信，但定剑教授的逝去却又让人不得不关注知识界人士的健康问题。实话说，知识界人士的营养水平不会有太大问题，让人担忧的也许是他们的焦虑和劳累。

按说定剑不会对中国改革过于焦虑。主张渐进改革，就不会对改革的快慢过于忧心。因为这种主张不是出于无奈，而是出于得失算计的理性思考。在前面提到的会议上，我也提出对渐进改革必要性的几个看法。中国民主发展要有大的进展，需要几个条件：一是国民比较富裕，社会比较平等，耐用消费品基本普及，由此降低激进声音的诉求；二是“熟人社会”基本解体，社会高度专业化，由此可以公开透明地进行利益博弈；三是民众的文化差异缩小，由此可以确保社会稳定和谐；四是社会经济生活的多元化程度提高，没有哪一个利益集团能对社会前进方向产生过大的影响，由此保持社会平衡和社会活力，使权力转移不至于摩擦过大。中国要具备这些条件，需要一个过程；且在现行框架下，这些条件事实上也可以生长，除非基本不去改革。所以，不论一个学者有多么强的入世意识，只要有这样的认识，也许不会对时局过于焦虑。当然，若入世意识极强，且又感到报国无门，那是注定要焦虑的，时间长了就影响健康。但定剑从一个不大不小的官位上退到大学当教授，想必不会有太强烈的入世追求。

我与蔡定剑教授没有深交，对他的生活方式不了解，但若作揣测，窃以为他在治学读书上是拼上了身体的。见过周围得肝病的熟人，也有不少能撑很多年的，但他却熬不过去。治丧委员会发布的蔡定剑教授的生平介绍说，他在患病期间还坚持工作，每天只睡五六个小时。他积劳成疾，当属无疑。

在定剑告别仪式上有熟人相遇，对视无语，但心中的哀痛却写在脸上。也许换个场合，朋友们会互道珍重，但过后谁又肯稍有懈怠，不去努力做更多的事情？

蔡定剑教授对未来中国民主构想的蓝图总会实现。在那一天，至少中国社会的公共领域会高度职业化，思想家变成少数，有志于社会治理的人士或者做咨询专家，或者自己披挂上阵，试试公共社会治理的水浅水深。有这样一个生态环境，也许知识界人士的焦虑就会少许多，辛苦也会与乐趣相伴。但愿蔡定剑教授的早逝是为这一天的早日到来所作的牺牲。

[2010 年 11 月 29 日]

中国职业足球需要一次休克疗法

◎莫之许

从传说南勇失踪到被确认接受调查，仅仅一天时间，很快，国家体育总局免去了南勇与杨一民在中国足协的一切职务，据信，两人应已被执法机关控制。这表明，由赌球引发的反黑风暴，最终波及了中国足球的最高层。然而，如果我们回想职业足球这10多年来的历程，却会发现，足坛乱象其实是由最高层开始的。金圣叹在《水浒传》第一回里批道："盖不写高俅便写一百八人，则乱自下生出；不写一百八人，先写高俅，则是乱自上作也。"中国职业足球之乱，也是自上作起。

由专业足球而职业足球，符合市场经济的需求，通过职业联赛这一平台，可以优化资源配置，给多方带来共赢局面：球迷看到了激烈精彩的比赛，运动员获得了高额的收入，商家有了传播力强大的广告平台，而投资人也找到了看似前景远大的投资领域。职业足球初起的几年，可谓一片蓬勃，1998年，推行职业足球届满五周年，国际管理集团（IMG）仍高度看好这一市场的发展，为了续约，一举将承包金提高了十倍，达到1亿元人民币，就是明证。然而，在经历了概念引入阶段的粗放式发展阶段后，职业足球的市场价值需要更精心的培育，需要一个能够让参与各方的责权利平衡的规则体系，以及能将包括球迷、专业人士和媒体等利益各方一并引入，以保证这一规则体系有效运行的制衡机制。因为，市场经济与计划经济的最大区别就在于，前者依赖于规则，而后者依赖于指令，要想职业足球能够进一步发展，中国足协以及整个足球管理体系也都需要相应的改革。

然而，在突如其来的巨大利益面前，中国足协一而再再而三地阻挠改革的推进，始终顽固地把持权力，拒绝制定有效的规则。而中国足协之所以有如此之“胆气”，离不开现有管理体制的支持。在现行体制下，中国足协的权力来自主管部门的授予，而非职业足球参与各方的托付。这一体制的缺陷被中国足协加以利用，以实现自己利益和权力的最大化。一方面是向上讨好，为了主管部门的政绩需求，而漠视市场培育，如在 2002 年，为备战世界杯，足协竟然推出“只降不升”政策，直接影响到该年联赛直播，冠名商百事随即以违约为由与 IMG 解约，重挫职业足球市场的大好前景；在另一方面，则是向下展现权力行使者的傲慢，在现行体制下，中国足协只单方面对上负责，因此，参与和利益相关各方与中国足协之间不存在有效的制约机制，足协在面对其他参与者或利益相关者时更加展现出权力的骄狂，无论是球迷的陈情，还是媒体的监督，一概轻忽，即使是对出钱参与的职业俱乐部，也是一推再推。闹到最后，只能是“用脚投票”：球迷空出看台，媒体空出版面（CCTV 就曾一度拒绝转播联赛），俱乐部则要么撤资，要么一退了之。一度红火的职业足球就这样迅速地沉沦到了连冠名权都“裸奔”的境地。

最近几个月，打击操纵比赛和赌球违法犯罪行为吸引了人们更多的注意，可在笔者看来，操纵比赛的盛行其实反映了职业足球的规则体系出了问题，反映了职业足球缺乏某种内在纠错机制。任何市场都由消费者、产品提供者和监督者一并构成，外围尚有专业人士和媒体的约束，非法行为的猖獗不应只归咎于个人道德的沦丧，而需要寻找制度的原因。中国职业足球落到今天的境地，并非职业足球或市场化本身的问题，更不是什么市场化放大了人们的贪婪或腐化了人们的道德，而是因为陈旧的管理体制无法适应新的现实。造成职业足球市场最终走向衰落的联赛赛制紊乱、俱乐部经营失败和假球黑哨不能及时惩治，无不源于中国足协只对上负责，从而缺乏即时有效的制衡和监督，在足协最高层也被绳之以法的今天，更应该反思职业足球的整个管理体制，而不能头疼医头。在我看来，中国职业足球需要的是一次休克疗法，全面检讨职业足球的管理体制，而不能仅仅指望一场整风运动。

［2010年1月23日］

台湾金权政治的两种模式

◎张铁志

金权政治一直是台湾民主挥之不去的幽灵。

台北地院在 2 月 2 日首度开庭审理陈水扁夫妇涉入的二次金改案。所谓二次金改是民进党执政期间的金融改革政策，目的是整并金融机构，以提升台湾金融业的竞争力。结果是让私营金融资本买下公营银行，制造出几个超级大的金控公司，例如中信金控入主开发金控和兆丰金控、元大购并复华金、国泰并世华等等。这场二次金改彻底改变了台湾的经济地图，但背后的过程却暗影幢幢，几个获利的民营金融资本家都曾到陈家拜访过吴淑珍，甚至承认给予政治献金。检方指控陈水扁夫妇利用二次金改并购的政策，向国泰、元大金控索贿 6.1 亿元。

此刻的陈水扁已经因为洗钱案和“国务机要费”而人在狱中，这使得民进党八年执政被批评为腐败的象征。然而，民进党执政固然出现重大腐败，但别忘了当年国民党被视为一个金权政治统治集团，而让选民长期不满。只是，如今大部分评论者不是说两个政党一样腐败，就是站在各自的党派立场批评对方阵营的腐败才更严重。但事实上，这两个“政权”是两种不同的金权政治模式，且背后有不同的制度性基础。

国民党金权政治的特殊性在于，这个政党具有庞大的资产，且党营事业群和政权资源的关系非常紧密，因而建构起一套庞大的党政资本主义，从而赋予了国民党高度的自主性，形成了政治权力高于企业的政商关系，所以不容易被特定财团绑架。尤其国民党长期统治台湾，牢牢掌握整个社会的资源，所以可以通过释放经济资源来交换特定的政治支持。

这种金权政治模式并不是如许多人所说的始于李登辉时代。一个普遍的迷思，是两蒋很廉洁，李登辉开始跟财团挂钩。事实上，在两蒋时代，国民党与地方派系就是这种以经济利益来交换政治支持的模式，学者称之为“侍从主义”。只不过在威权时代，获取政治支持的必要性没有这么大，所以金权政治不那么严重。

到了李登辉时代，一方面是因为民主化让更多利益团体进入政治场域，另一方面因为民主化带来的激烈政治竞争，国民党需要用更多银弹来获取选票，特别是那些具有庞大选票动员能力的财团。因此不论是上世纪 90 年代开始的公营事业私有化，还是垄断市场的开放，结果往往都是给了有政治实力的资本家获取暴利的机会。尤其，在这场民主化与经济自由化的资源重分配争霸战中，威权时期的党政资本主义本身就进行了一场再生与转型，党营事业不断扩大，介入各种新开放的市场，并与资本家进行各种结盟。

政党轮替之后，国民党党政资本主义建立的政商联盟逐渐瓦解，取而代之的是另一种金权政治模式。由于民进党没有党营事业，不具备雄厚的物质基础，需要仰赖外界的资金援助，所以比较容易被财团牵制。而且相对于国民党，民进党是一个组织很弱的政党，党中央也缺乏足够的资源来约束党员和派系。其结果是作为“总统”的陈水扁成为全党的最高权力中心，也是收钱中心。

因此，如果所谓金权政治是一种“钱权交换”的关系，国、民两党却有重大不同。国民党是“以钱换权”，亦即以释放公共资源交换政治支持；民进党则是“以权/钱换钱”，以公共资源换取资本家的金钱。

与此相关的第二个重大不同是，国民党与资本家的金权联盟是以整个党来进行的，是一种比较制度化的“侍从主义”。他们依照不同的政治需要，有计划地分配资源给不同的资本家。但是民进党的金权政治则是高度个人化的。进行交换、收受大量政治献金是作为地区领导人的陈水扁或者其妻吴淑珍，而不是民进党中央。陈水扁也负担起在党内分配金钱的角色，譬如提供资源给其他的政治人物参选。

民主不必然会有更多的腐败，但却可以让更多的腐败有被挖掘出的机会。台湾的民主还在学习，还有许多对于政商关系的制度性规范和文化需要建立。如今，国民党党营事业几乎结束了，陈水扁也入狱了，并等待着更大一场审判。金权政治还会继续纠缠着台湾民主吗?

[2010年2月5日]

台湾民主治理与公民社会的落差

◎张铁志

人大教授张鸣来台参访一个月后，跟我说他去台北市议会看到议员的表现非常失望；但同时他拜访各个 NGO，却感受到台湾公民社会的活力。

他的准确观察正是台湾民主 20 多年来的病征：人民有了各种民主权利、公民社会团体十分活跃，但是民主治理的质量却非常差。任何人去看“立法院”审理法案都会对这个民主机构的作用起疑，更不要说去看地方议会。议会的会议过程还只是这个政治场域的最表面一层；议场背后的各种利益挂钩，政治人物低度的问责性（account-ability），都是台湾民主体制的重大缺陷。

为什么台湾民主的发展没有促成更让人满意的民主治理质量？为什么看似成熟的公民社会和民主治理质量之间出现了巨大的落差？

这或许是因为台湾的公民与政客的关系仍然延续着威权时代的遗产。

首先，政治学者指出公民与政客、政党联结有三种：以个人魅力为基础的奇理斯玛型、以特定物质诱因作为基础的侍从主义型，以及以政策为基础的纲领型。台湾过去的地方政治是地方派系主导的侍从主义，亦即地方派系用经济利益来交换选民的政治支持，因此选民不会自我组织起来监督政客或进行公共参与。时至今日，虽然许多地方派系已经式微或者重组，但在许多地方政治中，选民与政客的关系仍然主要是侍从主义的交换关系，很难成为主动的公民。

另一种选民与政党的联结是基于政治认同。这种强烈认同立场的联结使得公民可能忽视对政治人物在政策上的监督，反之政治人物总是可以通过诉诸强烈认同立场来作为他的政治武器，这就是所谓深蓝或深绿的群众。

但在这两种选民之外，未必就是特别积极的公民。威权时代下，统治者畏惧民众政治化，打压社会的公共领域。民主化至今，虽然台湾社会出现了许多活跃的公民团体，但是整个社会仍然缺乏对公共政策的严肃讨论，大部分选民也漠然于问责政治人物的重要性，所以许多NGO往往只能不断大声呐喊，唤起公众对某些议题的关注。只有到重大事件发生时，人们才以民意调查或偶尔上街头的方式表现出愤怒。大部分时间他们是选择几年一次的通过选票表达意见。

换言之，如果“侍从主义”下网络的选民、有强烈民族主义情绪的选民是容易被政治动员的，那么这两者外的许多公民，只会是扮演“选民”的角色，而没有更多公共性。

尤其，原本在公民社会对政治的制衡与问责中，媒体应当扮演最关键的角色，去促进公共辩论、监督政治领域。但台湾的媒体，尤其是电视媒体，却不断自我阉割。它们最喜欢批评候选人只打口水战炒新闻，却不端出牛肉，实情是它们自己对牛肉、对公共政策毫无报道兴趣。尤其是那些政论性、谈话性节目，口水不比政治人物少，头脑也不比政治人物复杂，却终日自以为代表民意在电视上乱吹。媒体的八卦化、琐碎化、肤浅化，使得它们和政客一样被视为最不被民众信任和尊敬的。

这是台湾民主的异化：从威权体制下的被统治者好不容易成了主体制下的公民，但作为公民的主要内涵却只是作为定期出现的“选民”，而自我削弱了民主最重要内涵的公共生活。

人们把权力交给了政客，让他们把政治领域建造为一座巨大的、隐形的利益竞技场，在其中上演着各种利益交换的把戏。我们大多数人只是自愿站在场外，等待时间到了再决定下一场看什么。问题是我们甚至不是好的观众，因为这个剧院太多朦胧外衣、太多隐蔽角落，让我们连戏都看不清。

每一个台湾公民，都必须重新占领这个公共剧场、重构台湾的政治领域与民主。

[2010年9月29日]

请教“妈妈评审团”

◎长平

在这场网络扫黄运动中，“妈妈评审团”的出现，是一个标志性的事件。这个评审团半个月前在北京成立，由北京网络媒体协会发起、来自各行业的家长组成，专门举报网络黄色信息。

正如媒体报道的那样，被宣传为“民间公益组织”的“妈妈评审团”，并不是纯粹的民间性质，而是由政府或官方社团组织，并遵照官方指引而行动。也就是说，“妈妈评审团”是政府扫黄运动中执法主体的组成部分。

它动用的是公权力资源，行动依据却是伦理道德。组织者说，为什么是妈妈而不是爸爸呢，因为在下一代面临危险时，妈妈表现得最勇敢。这种煽情的路子，用到文学作品中屡试不爽，用到别的纯粹民间社会活动中也没问题，用来执法却有些别扭。如果赞同、配合政府行动也需要勇气的话，那无疑是对政府的讽刺。在一场政府主导的声势浩大的扫黄运动中，需要的是理性和能力而不是勇气和情绪。

从法律理性的角度看，妈妈固然有保护自己孩子的责任和权限，但是任何责任和权限都是有限的。一个妈妈是否可以管到别人家的孩子？是否可以决定别的成人看什么网站？

“妈妈评审团”的成员可以说，为了保护自己的孩子，我们才不管别人的权利和自由呢，也不在乎把自己的价值观强加于人。那么我要说，这样的社会环境，对于她们自己的孩子来说，也不见得有什么好处。

我并非不赞同妈妈们保护自己的孩子。身为一个爸爸，我也希望自己的孩子免受色情信息的伤害。我想要和评审团的妈妈们讨论这样几个问题：第一，扫黄的目标到底是保护孩子还是限制成人？第二，是否必须限制成人才能保护孩子？第三，怎样才能真正保护孩子？

勇敢的妈妈们，我们不必去讲什么高深的道理，这些问题的答案非常简单。既然“食、色，性也”，那么杜绝成人涉黄就是不可能完成的任务。妈妈们应该把精力重点放在保护孩子的事情上，也应该督促政府这样做。扫黄在中国并不是一个新鲜事，有专门的常设机构，也有一波又一波的扫黄运动，为什么还是没能保护青少年？妈妈们首先应该问责这些扫黄机构，这么多年来，他们动用了多少社会资源，花掉了多少税金，在保护青少年方面取得了什么成效？为什么至今还需要你们勇敢地站出来保护？把你们的勇气按照他们的办法花销掉，结果是否创造力被打击掉了，色情信息却“愈演愈烈”？

妈妈们需要明白的是，政府在扫黄运动中投入那么大，收效那么差，原因正在于他们老是去限制成年人，而没有真正保护你们的孩子。中国人并非比别的民族更加低俗下流，杜绝青少年涉黄是一个全球性的功课。别的一些如此严格限制网络的国家，青少年是否就堕落得无可救药了？别人有什么好的经验可以借鉴？

不妨以日本为例。日本通常被认为是一个色情业比较发达的国家，但是它在青少年网络保护方面做得并不差。我在东京街头的便利店里，也见到成人杂志在销售，于是忍不住为日本朋友的孩子担心。日本朋友说不必多虑，他们为孩子买手机的时候，店主就会问是否需要限制。他们家里的电脑，也都安装了保护软件。我查了一下资料，原来这是法律的规定。2008年6月，日本国会通过了《青少年网络环境整治法》，要求网络和手机营运商必须提供保护软件，供家长们选择使用。

日本的做法，在欧美国家也相当普通。这也成为我们官方媒体一再引用的资源，用来宣传扫黄运动的正当性。但是我想提醒妈妈们，不能只看到这些做法和我们相同的方面，更要看到不同的地方。最大的不同，就是人家在集中力量保护青少年，所以是有效的。如果把主要精力用来限制成年人，必然会失败。其次，人家才是真正信任妈妈和爸爸，让市场提供多种选择，由家长来决定使用。作为产品开发，从漏洞百出的“绿坝—花季护航”可以看出，信政府不如信市场。

“妈妈评审团”可以证明，保护青少年的软件是有市场的。我向一名做软件工程的朋友询问，为什么国内这个市场并不发达？他回答说，对网络的不当监管，使得市场的主要需求是“翻墙”，而不是限制。“评审团”的妈妈们，请问你们的行为，对市场的导向起到了什么作用？

[2010年2月6日]

杀童案报道的媒体伦理反思

◎长平

从福建南平到江苏泰州，近来接连发生几起杀童案震惊了全社会。人们在反思悲剧的时候，触发了有关媒体伦理的讨论。有主流新闻网站删除了相关消息之后，解释说媒体不该有闻必报，意思是删帖源自媒体的社会责任感。赞同者认为，社会底层情绪郁积者众，媒体的过度渲染容易对他们形成示范效应，导致更多无辜的孩子处于危险之中。

首先我想纠正此间的夸张表述。把正常的媒体报道和“有闻必报”、“过度渲染”混为一谈，是一种偷换概念的狡辩，无须多言，我想绝大多数人都会同意，媒体不该也不可能有闻必报，而且在报道凶杀案的时候，大众媒体要有所节制，不应该对作案过程及现场惨状进行过度渲染，在必要时还要对受害者的隐私予以保护。我这里想要讨论的是，媒体是否需要对此类事件进行报道，或者重点报道。

媒体报道的确可能对潜在的杀人者有示范作用，让他们了解到自己的“冤屈”或者其他情绪可以通过滥杀无辜进行发泄。不过以此理由阻止媒体报道的人，只看到了媒体报道的这样一个作用。媒体报道的社会效应是多样共存的，我们必须综合考虑各方面的影响，然后才能作出合理的结论。至少以下四个方面的作用，不应该被忽视：

其一，社会公众拥有知情权，他们希望了解自己的生存环境，需要知道身边发生了什么新闻，从而发现这个社会存在什么问题。国家固然存在不让公众知情的机密，但是太多的秘密会让社会变形。更何况，假如不把舆论片面地理解为正式出版的媒体和主流网站的话，封堵注定是徒劳的。口口相传不会让消息跑得更慢，而且捎带无数添油加醋的谣言。

其二，媒体报道引发社会的关注，从而对受害者及其家属表达同情，对杀人者进行谴责，这对不幸的生命是一种尊重和哀悼，对受害者的家属是一种关怀和帮助。发生了如此悲惨的事情，假如全社会视而不见，照样歌舞升平，无疑是一种麻木和冷酷，对受害者家庭如同雪上加霜。

其三，媒体报道起着警示作用，尤其会对社会管理者形成压力，迫使大家去反思既存的社会问题，疏导底层不满情绪，检视幼儿园、学校等地的安保措施，以求居安思危，未雨绸缪。

其四，对潜在的杀人者来说，媒体报道不仅有示范作用，同时也有警示和谴责的功效。无辜受害者的痛苦，有可能唤醒其中的良知尚存者。社会公众的强烈愤慨，也有可能让他们觉得此种发泄得不偿失。人们很难知道，有多少人因为媒体报道而激发了恶念，又有多少人因为媒体报道而收起了屠刀。

对于那些打定主意要通过报复社会来发泄的人来说，媒体的沉默还有可能激发更大的恶行。他们的目的就是要引起人们的震惊，杀一个人你若无其事，杀十个还不吭声，杀一百个、一千个呢？这就是恐怖分子的逻辑。

因此，重要的是把事情说出来，想方设法防患于未然。我猜想那些不主张媒体报道的人，也不会同意社会对此置之不理。他们会说，可以通过内部渠道，让领导知道就行。领导自然会重视，并想办法预防。但是，这种思维早已被证明不是幻想就是欺骗，现代政治认为权力并非性本善，只有在民意的监督和制约之下，它才可能为民所用。舆论就是民意的重要表达渠道。

可以肯定的是，最不希望媒体报道此类事件者，一定是某些地方官员。官员往往会使用各种手段来阻止媒体报道，受害者家属则会千方百计向媒体通报消息。想想其间的道理，就不会只看到媒体报道的负面作用了。

［2010年4月30日］

他们为什么只有一个打工者的身份？

◎长平

我曾经采访过珠三角的一些中小工厂的打工者，跟他们的普遍遭遇相比，富士康这种“正规”企业，不仅不能算是“血汗工厂”，而且是令人心向往之的好去处。在媒体将“血汗工厂”这个标签贴在它身上之后，富士康可以说是因祸得福——这几年来，我在很多场合都听到人们替它喊冤。

我被反复地告知，这家企业遵纪守法，规范管理，薪酬较好而且不拖欠。更重要的是，它的巨型厂区有很多人性化的设施，比如篮球场、网球场、俱乐部、露天电影院等等。这就是身处一个不好的社会环境中的好处：一些正常的状态，几乎就要让人感激涕零了。

这种包容和赞扬压制了人们对这类企业中非人性化因素的观察和批评。今年以来，半年时间不到，已经有十个打工者在这里跳楼。我们至少应该想想，在这个较好甚至非常好的工厂里，都有那么多人处在生死边缘，难道还不值得我们反思吗？

富士康固然比很多中小工厂做得要好（据我所知也不尽然），但是它和那些工厂有很多不可比较的地方。毕竟，它的一举一动都关涉到动辄几十万人的利益。而且它作为一个资本巨鳄，拥有超大的市场权力，同时在中国的特殊环境中也拥有很大的社会和政治权力，对它投以更多甚至更严厉的关注，这是再正常不过的事。

有心理学专家对媒体说，跟全国平均自杀率相比，富士康的跳楼发生率不算高，甚至还有些偏低。这种貌似学术的观点，是极不负责任的说法。首先，发表这些意见的专家是受富士康公司的邀请，前往调查研究，出谋划策。“拿人手短，吃人口软”，言行须格外谨慎，才能取信于人。还没有进行深入调查，就匆匆发表意见，不像是专家所为，倒像抢媒体公关的饭碗。其次，全国平均自杀率也太笼统，意义不大。按人口平均也许如此，按地理面积呢？按年龄分布呢？按收入划分呢？

大众媒体可能更关心自杀者，但是作为心理学家以及企业和社会管理者，更应该关心在这背后更广泛的问题。大多数心理疾病患者，都没有以自杀来了结生命，但是很多人每天都过着痛苦生活。是怎样的企业文化和社会环境决定了他们的生活？作为一个国家公民，他们为什么只有一个打工者的身份？作为一个完整的人，他们如何能够活得有尊严？

香港社会学者潘毅女士在《中国女工》一书中，深入地剖析了这些打工者的精神痛苦和灵魂挣扎。她并没有选择自杀事件来研究，作为重点分析的例子是一个女工的尖叫和梦魇。由个体的痛苦出发，她勾勒出一幅底层政治中的抗争图景。那么我们在为“十连跳”而感慨的同时，也要关心在那个巨无霸的工厂里，还有多少尖叫和梦魇？

富士康员工跳楼事件，是新生代民工心理健康问题；但不仅如此，也是劳资关系问题；也不仅如此，借用潘毅的研究来说，这是由国家、资本和父权制共同构建的社会状态。比如，富士康的保安可以暴力惩罚员工，几乎取代了警察对社会治安的执行权力，这就不是一个企业做的事情了。又比如，在美国有女工起诉沃尔玛性别歧视，把个体官司打成了集体诉讼，也就是 160 万名女工同时索赔，上个月联邦上诉法院裁定集体诉讼成立，这在中国几乎是难以想象的事情。还有，户籍制度也从法律上承认并助长了资本对中国劳动力的临时性使用。更不用说，打工阶层的公民权利被广泛地忽略之后，他们在工厂里只有一个单调的身份，遇到问题时几乎看不到身后的社会，也就没有机会把目光越过工厂的围墙看得更远。

这些社会情状使得打工者体制性地走向孤独的深渊，群体性地变成心理病患者。至于是否如同潘毅及其他学者分析的那样，这种孤独也将构建一种新的社会抗议，以及这种包括尖叫和自杀在内的反抗方式的社会效果，也值得我们进行深入的观察。

［2010 年 5 月 22 日］

蚁族“逃离北上广”背后的真问题

◎张鸣

要不要逃离北（京）、上（海）、广（州）？现在成为一个网上炒得很热的问题。这个问题，很显然是某些部门希望提给大学生蚁族或者将要成为蚁族的应届大学生的，当然，某些长期的北漂或者海漂，似乎也会面临这样的问题。这个问题，其实已经相当老了。几十年前，政府就号召大学生，不要迷恋大城市，到内地去，到边疆去，到祖国最需要的地方去。只不过，现在的提法，是把祖国的需要，暗中换掉了而已。

如果说逃离北上广，仅仅是离开北京、上海、广州这样的超级都市，转到珠三角、长三角或者环渤海经济区这些地方去发展，也许还有几分可行性，但是如果还是像过去那样，号召大学生去内地和边疆发展，则基本上行不通。行不通不是因为大学生害怕艰苦，迷恋大城市，而是在那些地方他们大体上没有发展的空间。

一个我们学校曾经到边疆支教的大学生告诉我，他其实蛮有理想的，支教在内蒙古一个县城，就打算毕业后在那里做一个中学老师。但是，去了以后才发现，那里的中学老师早就超编了，不仅中学超编，县城里所有吃公粮的地方，统统人满为患。像他这样的名牌大学毕业生，人家公开说，根本不需要。这种情况，其实相当普遍，内地的很多中小城市，吃公家饭的地方，早就满出来了。开公司创业，没有当地强有力的靠山根本没门。而且由于经济不发达，大学生在市场上基本没有多少空间。一个非常明白的事实是，无论什么人，要想在市场上找机会，还得去发达地区，不仅农民工打工如此，大学生打工也是如此。

什么叫蚁族？实际上所谓的蚁族，多为三流大学的毕业生，漂在北京，工资收入非常低，只在一两千元，成群地居住在城乡接合部的农民房群租房或者地下半地下室里。这些人绝大多数出身农家或者小城镇的贫民家庭，只能上三流甚至四流大学。在学校基本上什么也没学到，既无素质，也无技能。大学教育，对他们来说，可能只长了一点见识（在城市里生活过一段时间），少数人英语比中学好了一点。显然，这样的大学生在市场上并不受欢迎，就是没有经济危机，他们在最初的时候，也很难找到满意的工作。而回到家乡，由于父母无权无势，更是死路一条。唯一的出路，是跟众多农民工一样，往沿海发达地区去。由于大学生基本上难以接受蓝领工作（其实他们的身体也难以胜任），因此，找底层的白领工作，北（京）、上（海）、广（州）这样的地方，在目前看，还是最佳的选择。不仅以前毕业的大学生要做蚁族，今年即将毕业的600多万大学生，有相当部分的人，还是要做蚁族。因为比较起来，这里无论政治环境还是就业空气，甚至接受再教育的机会，都比别的地方，包括苏州、无锡这样的二线城市要好一点。

在北上广做蚁族，固然是一种不得已的选择，但是，这种选择还能给他们以希望。鉴于现在大学毕业生的职业素质和职业技能，基本上都得在就业后的岗位上才能获得，作为一个学习过程，在北上广这样的地方拼杀，显然有利于他们的成长。这就是为什么蚁族忍受蚂蚁一样低贱的生活状况的时候，还能相当乐观的原因。因为，举国上下，只有在这里混，希望才最大。这种苦涩，在外人看来似乎是不靠谱的希望，却正是支撑蚁族走下去的动力。政府和社会要做的，不是号召他们离开北上广，而是给现在的蚁族一点培训，给他们更好更公平的环境，给他们以机会，给后来的蚁族更好的教育。

[2010年2月9日]

“被”与公民意识的觉醒

◎雷颐

陈寅恪先生有言：“凡解释一字，即是做一部文化史。”那么，当人们公认某个字最能概括这个“社会”时，又能从这一字之微测量人们对社会的“认识程度”。在“用一个字、一个词描述2009年的中国与世界”的“汉语盘点2009”年度字词网络征集活动中，“被”字高票当选为年度国内字，表明广大网民对过去一年的真切感受与认知。

其实，中国百姓千百年来大都是“被”代表，“皇上”俨然“黎民百姓”的代表。直到近代，现代新学自域外输入，少数启蒙先驱人物才认识到百姓是“被”代表。维新时期，梁启超在《时务报》发表了一系列政治论文，论说中国自秦始皇建立专制体制以后，法禁日密，政教日夷，君权日尊，而个人无权，举国无权，结果是国威日损。而西方之所以民富国强，关键在其兴民权、开议院，人人有自由之权，国事决于公论。更明确就君、臣、民三者关系提出新见解，君、臣都是为民办事者，君主好比店铺总管，臣相则是店铺掌柜，人民则是股东，国家的真正主人其实是人民。因此，人民不能“被”代表。谭嗣同也写道：“原夫生民之初，必无所谓君臣，各各不能相治，于是共举一民为君。夫曰共举之，则非君择民，而民择君也。”“夫曰共举之则必可共废之。君也者，为民办事者也；臣也者，助民办事者也。”赋税都是取之于民，作为“办民事之资”，“如此而事犹不办，事不办而易其人，亦天下之通义也”。统治者不能代表民，而且是民的公仆。

五四新文化运动的思想家观点更加明确系统。如陈独秀在《爱国心与自觉心》中激动地说：“国家者，保障人民之权利、谋益人民之幸福者也。不此之务，其国也存之无所荣，亡之无所惜。”由于“人民”也经常被“国家”代表，所以当国家违背人民意愿时，人民亦有权要求国家必须按人民的利益行事。国家本身并不是目的，而是使个人的个性、创造力充分发展，“充其本然之能”，各人“谋充各得其所”的手段。鲁迅曾说一部中国史就是“吃人”的历史或过于偏激，如说一部中国历史就是人民“被”的历史，反对者可能少得多。

但是，无论是维新时的梁启超、谭嗣同还是五四时的陈独秀、鲁迅等，只是少数“精英”，接受他们观点的“民众”其实微乎其微，真正的社会反响并不强烈，广大民众并未认识到自己其实一直是“被”代表。因此，陈、鲁等只能“哀其不幸，怒其不争”。

所以，这次广大网民将“被”字选为“年度字”意义殊深。人们从“被就业”、“被幸福”、“被加薪”甚至“被自杀”中感知、认识到了自己“被××”。只有觉醒到人民和政府间的“契约”关系，才会有“被”的感觉，标志着社会的觉醒。正如举办者的评点所说，“被”字当选“表达了公众对于公民权责名实相副的吁求”。100多年来少数启蒙者的观念，终于开始成为社会共识。认识到“被”，就是“不被”的开始。

［2010年2月10日］

收入分配问题的实质

◎陈季冰

此次两会再度将所谓“收入分配制度改革”的话题推上了舆论的擂台，在贫富分化和社会矛盾日益尖锐的当下，这个问题总能触动所有人的神经。考虑到我们正处于尚未真正走出金融危机、内需亟待振兴的语境之下，它被赋予特别的期许。

舆论在讨论社会财富分配时往往将焦点全部集中在民众的贫富差距上。但若全面而深入地作一分析，中国的收入分配问题其实应当分为两个层次。

第一个层次是“国”与“民”之间的收入分配失衡，换言之，社会财富分配中政府与民众之间的比例问题。在这个层面，我想用不着罗列太多事实与数据，近年来热议的“国富民穷”已经足以说明问题。

第二个层次内部又分为两部分：其一是各级政府之间（尤其是中央和地方政府之间）收入事权不匹配问题。当下的共识是：上世纪90年代分税制改革以后形成了中央与地方收入“七三开”而支出“三七开”的倒挂，这也是造成地方政府日益依赖“土地财政”以及房价急剧上涨的首要原因。其二是民众与民众之间的贫富分化，亦即可以用基尼系数反映出来的那部分差距。毫无疑问，这是当下举国上下倾注最大心力关注的那部分，因为这差距是寻常人最容易感受到的。

在我看来，当前日益显现的许多社会矛盾的根源，其实未必是民众个体之间的贫富分化，而正是政府与民众及各级政府之间的分配比例失衡所导致的。频繁见诸报端的因农村集体土地征用和城市房屋拆迁而引发的极端事件，就是最典型的例证。此外，国有企业产权改革以及垄断性资源能源体制改革也是扭转日益明显的“国富民穷”和“中央富地方穷”的不良趋势的重要手段。

再看容易引起群情激奋的民间财富分配分化的问题，看看这是国家的“收入分配制度”能够发挥作用的领域吗?

在一个自由的社会里，是不存在最高的“终极分配者”的。我们经常可以见到，一份包含有特定智力和体力含量的工作，甲费了九牛二虎之力日以继夜辛劳了一个月才勉强完成，而乙仅用两三天时间就轻松解决。原因也可能是乙的天赋智力和体力要远远高于甲，也可能仅仅是他运气好……这时候如何来“科学合理地分配”? 还有一种情况更常见：难度相同的一份工作，在上海 4000 元月薪，在安徽却只能拿到 1500 元；甚至同样在上海，在甲公司 5000 元月薪，在乙公司却只能拿到 3000 元。因此，就全社会的财富“分配”来说，每个人的收益只能依据结果来定。而保证这一切顺利运转的基础，正是公民的自由权利——由于不满意收入差距，安徽员工可以迁徙到上海，上海员工可以从乙公司跳槽到甲公司，只要对方愿意接纳他们。因此，在一个真正公平合理的市场经济体系中，收入不是谁“分配”的，而是市场交易的结果。

我当然不会据此就无视中国严重的财富占有不公现状，但这不是所谓“分配制度”造成的，事实上根本就不存在什么“分配制度”。在我的逻辑里，既然收入是市场交易的结果，那么收入状况不公正的罪魁自然是市场制度的不公正和不完善。让我们来看看当前社会领域中（“民与民”之间）的收入不公最突出的三个成因——

首先是近年来愈演愈烈和最受诟病的以权谋私、钱权交易——也就是掌握或接近权力的利益主体通过设租寻租，明目张胆地从事贪污受贿、暗箱操作、内幕交易等活动，疯狂攫取全社会辛勤创造的财富。这确实是一种令老百姓怨声载道的高收入，但这种高收入本身是非法的，不仅应当被追查，当事者还必须受到刑事惩处。不过，这取决于民主政治和司法制度的完善，否则这种收入不公不会绝迹，“收入分配改革”对它不会有丝毫约束力。

其次是各类通过行政保护设置壁垒、限制市场准入、维护垄断地位所产生的不合理的高收入，正如不少评论尖锐指出的那样，电力公司的打字员比北大教授拿得还多！说到底，这是利用权力对社会财富进行巧取豪夺，但由于它不违反国家现有的法律，而且总是以“捍卫国有资本在事关重大国计民生产业内的主导地位”的面目出现，平添了许多复杂性。但是规定最高工资上限、责令垄断企业向国家上缴利润之类的“收入分配改革”就能够抹平垄断企业的不合理高收入吗？显然，唯一正确的途径是破除行政垄断、大力推进产权改革，但这是属于市场制度的改革，而不是什么“分配改革”。

最后一种明显的收入不公正，体现在以农民工为代表的

"弱势"劳动阶层的低收入状况，这里有许多复杂的因素，如过去 10 多年来奉行出口导向产业政策等，但最根本的原因恐怕还在于城乡二元结构。农民工在向市场出售其劳动力时受到了户籍身份以及附加的许多社会福利之重重限制，令他们在市场交易过程中处于极为不利的地位。但要想让这种不平等和不公正的状况得到改观，也不是"收入分配改革"能够承担的使命——政府也许能够通过制定最低工资来强迫企业提高农民工的薪水，但却不能强迫企业招工，因而其结果很可能是增加他们的失业机会。真正行之有效的手段只能是消弭城乡二元，推进医疗、养老、失业等社会保障的均等化。

[2010 年 3 月 9 日]

被异化的特区

◎陈季冰

国务院近日正式批准设立山西省为国家资源型经济转型综合配套改革试验区。在国务院新闻办于12月13日举行的发布会上，国家发展改革委副主任彭森表示，山西省是目前批准的唯一在全省域、全方位、系统性进行资源型经济转型综合配套改革试验的区域。

包括此前陆续设立的上海浦东新区、天津滨海新区、深圳市、武汉城市圈、湖南长株潭城市群、重庆市和成都市以及沈阳经济区等，山西已经是第九个也是迄今为止全国最大的一个综合配套改革试验区。我个人很为经济不发达的山西人民终于盼到了一片政策的阳光而感到高兴。

事实上，我们还可以清晰地看到，中央政府近年来明显加快了对各地改革示范区的推动。自去年至今，除了上述这9个综合配套改革试验区，中国先后将十几个区域规划上升到国家战略层面——从“珠三角一体化规划”，到“海西经济区”、“关中—天水经济区”、“横琴岛总体发展规划”、“江苏沿海”、“图们江”、“黄河三角洲”、“鄱阳湖”、“皖江”、“成渝经济区”、“海南国际旅游岛”，直至“新疆喀什经济特区”、“西藏振兴”……一个个“特区”在祖国的大江南北崛起，一时间令人目不暇接，颇有一派国家发展大棋局已经全面铺开走活的感觉。

只是，除了方案批准前后那几日证券市场里的相关股票会突然拉出几个涨停外，随着时间的流逝，这些特区的经济社会发展的真实成绩单大多不尽如人意。这其中道理似乎也日益明朗化：特区特区，其真正含金量不就在一个“特”字上吗？假如全国遍地都是特区，那不就等于没有特区吗？

这种显而易见的“特区观”已随改革开放30多年来的经济发展而被许多人不假思索地视为当然。不唯如此，眼下中国各地“政府推动型”的经济增长大多亦无意识地遵循着这种思维模式。享誉海内的经济学家张五常坚定地将中国的经济增长归功于不同区域的政府间竞争，尤其是县域竞争。在我看来，这大抵是不错的，但问题的核心在于：地方政府之间究竟在竞争些什么？

我们时常能耳闻，某个书记或县长、市长、省长为官一任，造福当地，百姓感恩。若仔细审查一下他们是如何做到这一点的，那么最常见的故事便是：他凭借个人的特殊人脉资源从他的上一级政府那里谋求到了一些特殊政策——想象力一般的多半是打税收优惠的主意，而时下最新潮的则是弄到一两项特别的金融市场（或工具）许可证。再有就是引来一些别人很难弄到的资源，特别是中央级项目和集中的资金投入……总之，在眼下的中国，要把一个地方的经济搞上去，仿佛主要是靠争取被上级允许做一些别的地方不准做的事情。这就是目前许多地方争办特区的动力所在，换一种更加学术的说法，现在的所谓特区，即通过对某一项（或多项）政策的排他性的垄断，构筑一个对某些社会资源具有特殊诱惑力的高地。

然而，这种画地为牢式的“经济特区”，对整个国家的经济发展来说是一件有益之事吗？它的功能究竟是对外“辐射”和“带动”还是向内“抽吸”和“攫取”？

我觉得，我们有必要沿着改革开放一路走来的历程回溯到最初的源头，去找回特区未经异化的原初意义。当年邓小平设立经济特区的出发点是十分明确的：在拨乱反正、改革开放的初期，有些地方在资源条件（比如更接近海外市场的沿海省区）和人们的观念意识方面比全国其他地方更容易接纳和消化一些新的探索，甚至冲击，因此需要靠这些地方的先行尝试来积累经验教训，取得收获和提高，进而带动全国一起发展。至于所谓“特殊政策”，他给得最多的其实只是不轻易说“不准”而已。我记得邓小平经常挂在嘴边的一句话是：大胆试、大胆闯，试下来不行，大不了再收回来。

因此，在他眼里，特区就是一片单纯的试验田，是一种过渡形态，而且伴有不小的风险，这一点如今已经被许多人忽略和淡忘了。虽然到了上世纪90年代邓小平曾经公开感叹自己深为没有早一步把上海列为经济特区而后悔，但他当初的这种犹豫在逻辑上是不难理解的——作为承担着全国1/6财政收入的工业基地和经济中心城市，上海如果在改革开放之初就搞特区，那会是一个大到几乎无法承受的赌注。而深圳，之前不过是一个蛮荒的边陲小渔村罢了，甚至根本算不上是什么赌注。

当然，只要有这样一片充满新奇机遇的处女地，就一定会有敢冒风险（同时意味着高收益的可能性）的人前去耕耘；成功者多了，就会吸引越来越多的人才和投资流向特区；假以时日，它也就自然而然变成了一块资源高地。但我认为必须区分清楚的一点是：当年的特区，最典型的如深圳就是在风险和不确定中大胆探索的结果；而不像时下的这些特区，是为了有意识筑起一块这样的高地而人为设置排他性的政策壁垒。时下的这种特区，不是在为后来者探路，而是在垄断某种特殊利益。

在此意义上，我认为，今年8月深圳经济特区成立30周年之时中央批复将特区扩展到深圳全境，是一个正确的方向。但这还不够，深圳目前可以执行的政策，未来还应当进一步扩展到整个广东省，直至全国通用。

我在以往的评论和分析文章中几乎从不提出什么政策性的建议，因为我一向觉得，这超出了媒体评论的职责范围。但在特区这个问题上，我愿意冒着考虑问题鲁莽和欠周全的风险作出一项建言：今后设立特区时，除了为那些特殊政策在地理空间上划定适用范围外，还必须附加时间限制。我个人建议是10年亦即两届党委和政府的任期。具体来说，如果一项特殊政策在某一特区实践了10年，被证明是成功的，那就应当在全国生效通行；而如果实践证明是行不通或虽有一定成绩但同时会带来更多负面后果的，那就应当连同该特区一并果断废止。而不论上述两种情形中的哪一种，原则上特区一般只允许存在10年，个别非常特殊的例外，则须经特别程序——如全国人大立法表决通过才能保留。

［2010年12月19日］

公医改革进入最艰难环节

◎廖新波

公立医院改革（公医改革）国家16个试点城市公布之后，各地省级的试点城市和医院也在制定中。增强公立医院公益性被视作这轮改革的核心议题。根据新方案，公立医院将逐步取消药品加成，增设药事服务费，并调整部分技术服务收费来弥补收入缺口。

钟南山院士认为，新方案的一个“败笔”就是没有将社区医疗纳入考虑，他认为在考核公立医院改革试点成败时，其中最重要的一个指标就是应该看其所挂钩区域的社区医疗水平，这才是解决公立医院公益性问题的关键所在。

我多次呐喊，在取消以药养医后，倘若没有合理的补偿机制，可能会加剧医院的医疗设备竞赛，以致医院依靠大检查、过度治疗来维系生存。因此公立医院已经处于市场的大环境，没有政府的干预，医院只能在市场上拼搏！

钟南山院士并不认为逐步取消药品加成、增设药事服务费、调整部分技术服务收费的办法具有改革性，是能减少老百姓负担的办法。过去药品加成有它非常不合理的地方，开的药越贵，医院的药物加成越多。但是药事服务费的合理定价也非常困难，是医生开多点药服务费就多一些，还是开少点药服务费会多一些？是以医生年资界定还是如何？再比如，如果医保报销的费用要求一个处方不能超多少钱，有些医生可能给病患开多个处方。搞不好，这样比要取消那 15 种药品加成费用更贵，很容易换汤不换药。

我认为钟院士所说的非常正确和实在，本来药事服务费的增加是必然的，也是合理的，但这不应该作为取消以药养医以后弥补医院收入缺口的新手段，不应该放在这个时机提这个概念。我个人建议药事服务费政府应该直接补贴医院，而不是直接补贴需方，这项费用应该由政府来支付，而不应该向病人直接收取。不过从新方案来看，政府不愿意这样做，不愿意将药事服务费直接补偿给医院，而是选择把矛盾转嫁给医院，这会增加医患矛盾。这个改革可能一开始就遭遇麻烦。

现在提出逐步取消"以药养医"，关键是政府的决心和能力。粗略估计，全国取消药品加成的收入缺口会使公立医院减收 2000 多亿元，药事服务费如果按照每个处方 20 元估算，一年总额也不会超过 300 亿元，账目上仍然不平衡。如果考虑上技术服务费，以及财政投入增加，能否完全弥补收入缺口？

现在药费通常占整个看病费用的 40%～50%，如果能提高手术等其他技术服务费，那么医院对药的依赖就会少很多，而医院经营中对药的依赖越少，就越利于推动医生合理用药。问题的关键是这些钱究竟谁来支付，是病人，是政府，还是医保？如果单纯以价论价，医院的技术服务收费肯定是会增加的，这是多重因素决定的，包括人口的老龄化、新技术运用等等。但是医改要做什么？要使病人的负担越来越轻。这有两条曲线，一条是向上走的医疗价格上涨的曲线，一条是向下走的病人支付费用的曲线，这中间的缺口就应该由财政来兜底。

这次包括深圳等16个城市的公立医院改革，估计会主要依赖地方财政。现在方案都没有提到具体的财政投入，比如公立医院的改革投入应该占地方财政预算的百分之多少，可以说医改试点给了地方很大的空间和弹性去尝试。那么，现在各级财政对医疗卫生的投入机制如何？本来我是希望新医改能够促成现行补贴机制有很大改变，但是看了新方案以后，我觉得情况不乐观。其实现行很多操作很不合理，比如广东省的医院搞对口扶贫，估算扶贫的经费要2000多万元，但是最后财政落实下来的只有20多万元。政府不投入，使得医院只能往患者口袋里掏钱。有人说医改改来改去就落在体制改革，比如各级财政该怎么协调，一个省要做到医疗卫生均等化，责任应该是省政府，这要省一级的资金调拨和转移支付来维持，不然怎么实现均等化？

关于基本药物制度，我们认为是非常好的一种制度，但是实行起来却令人有点担忧。钟南山也认为，基本药物制度对病人有利，不过医院并没有多少积极性去推进，必须要有一套补贴机制，促进医院有动力来推进。现在一说政府补贴，很多专家都说不是钱的问题，说是机制问题，其实最后还是钱的问题，只是谁出钱的问题。总而言之，公立医院改革要解决的是公益性和医生的积极性问题。这都需要通过政府干预来实现，一个是财政投入，一个是对医疗行为的干预，保障医务人员的收入，不然难以保障他们的积极性。

现在我们是按项目计费，导致医院没有条件也要创造条件上项目，比如没有CT的要买CT，三甲医院要买，二甲医院也要买，形成一场医疗设备竞赛。这也导致医院两极分化越来越严重，越往下的医院，越惨淡经营，因为没有赚钱的机器。倘若取消以药养医以后，政府不及时补偿，医院肯定会靠大检查、过度治疗来维持生存。高州经验也说明：没有设备就不可能有高州的发展，从另外一个角度讲，设备，尤其是高端设备是目前医院生存和发展的根基。也就是说在政府补偿不到位的情况下，高州医院模式不可能在各地复制！如果可以复制，将是一场更加激烈的“军备竞赛”，竞赛的结果表面上好像单价下降了，其实整体费用是上升的！

「2010年3月17日」

当失学儿童看见孔子学院

◎詹德斌

国家汉语对外推广领导小组办公室（简称汉办）有关负责人日前宣布，2010 年将在全球新设 20 所孔子学院和 200 个孔子课堂。自 2004 年首家孔子学院在韩国落户以来，中国已在全球 88 个国家和地区建立了 282 所孔子学院和 272 个孔子课堂。

虽然孔子学院的广泛普及有助于在全球推广汉语和中国文化，并增进世界对中国的了解，但是，中国政府出资出力到国外建孔子学院的效果有多大仍令人怀疑。据统计，随着孔子学院量的膨胀，国家对孔子学院的投资已从 2005 年的 5000 万元猛增到了 2009 年的 28 亿元。然而，孔子学院的官方背景却招致很多西方媒体有关中国在全球搞“洗脑工程”的指责。尽管西方的指责是无稽之谈，但这种指责却不可忽视，且恰恰说明孔子学院是一项高投入低产出，花钱不讨好的表面工程。

正如英语和西方文化的广泛渗透并不是在西方国家政府的直接投资和干预下形成的一样，汉语与中国文化的广泛传播也将会是一个渐进、自发的过程。汉语热的形成也已经证明了这一点。在全球推广汉语和中国文化也不同于抢险救灾的人道主义援助，政府没有必要急功近利，将其作为当务之急而投以巨资。实际上，与其政府出面建设孔子学院，不如鼓励大学利用这个机会积极吸引海外留学生，或者直接到海外寻找合作伙伴。这不仅能创造经济收益，也能坐收文化传播红利，而且可以摆脱官方色彩，消除政府干预下难以避免的部门利益纠葛。

有人说，未来中国向世界出口的最有影响力的产品不是衣服鞋子彩电汽车等有形物，而是中国文化及国学。这句话一点也没错，但仅凭建几所孔子学院生产不出什么文化产品来。汉语的传播和中国文化的远扬主要取决于中国国内的发展，至少包括经济上的强大和文化上的复兴，而根本之计则在教育。中国必须自信，只要经济持续发展，文化不断复兴，就会在全球各地催生出慕华力量，并进一步将汉语和中国文化推向世界。

不过，在孔子学院以迅猛之势在国外普及汉语之际，国内却有近300万儿童处于失学状态，国语国学也处于边缘状态。在国内教育现实尚处在这种地步的情况下，汉办恐怕没有资格，也没有必要如此撒钱搞形象工程。如果说20万元就可以建一座希望小学，汉办每年投在孔子学院上的钱可以建1.4万所小学。如果按一所学校招收100人计算，也至少能让140万儿童入学。如果能让140万失学儿童走进校园，其对国语国学的发展所作出的贡献将远远大于几百所孔子学院。

孔子学院的美好愿望是让世界了解中国。不过，在让世界了解中国之前，首先要让国人了解中国自身和世界。如果一个失学儿童站在孔子学院之外，他不仅不知道什么是孔子学院，恐怕连孔子是谁也不知道。因此，通过孔子学院让世界了解这样一个中国的意义也将大打折扣。

［2010年3月24日］

帮“睢宁方案”做“变性手术”

◎易中天

说实在的，江苏睢宁“给公民信用评级打分”招来一片骂声，我觉得多少有点冤。没错，这事跟昆明市在中小学校发展“小信息员”一样，也是个“幺蛾子”，应该给它搅黄了。但要说睢宁当局没事找事，怕也不公。众所周知，当今社会，可谓“道德沙尘暴”频发。添加了三聚氰胺的奶粉，不是又被悄悄地拿出来卖了么？山西那边，不是又出了问题疫苗么？这就实在堪忧，也难免会有人嚷嚷：哎呀，政府怎么也不出来管管？你们这些当官的，都干什么去了？

于是，睢宁当局就出来“管”了。这应该叫“顺应民意”。为了管好这事，他们还借鉴了国外的经验，开发了专门的软件。别的地方都得过且过，唯独睢宁为国分忧，这应该叫“敢于担当”。别的地方都想不出办法，唯独睢宁有了可操作的方案，这应该叫“勇于探索”。这样的“改革”，怎么就成了坏事，恶评如潮呢？一贯为中国改革鼓与呼的《南方都市报》等媒体，这一回怎么就不“呵护和激励”了呢？那些“更大分贝的支持声音”，大家咋就听不见呢？难道眼睁睁地看着道德滑坡不闻不问，才是对的？难道“混日子”的就没事，“做事情”的就该挨批？这实在让人想不通。

其实想想也就通了。睢宁当局的说法，不是“既要强调民权，又要强调民责”吗？那我告诉你，世界上只有“官责”可问，没什么“民责”可言。为什么有“官责”？因为“政权民授”。人民授权给你，自然可以问责，也应该问责。但是，公民又有哪些“权”，是政府授予的呢？没有。即便你不承认“天赋人权”，总得承认公民权利是宪法赋予的吧？那么请问，宪法是你们家的吗？不是。既然不是，你又有什么资格去问责呢？

当然，公民作为个人，企业作为法人，也有自己的责任，比如“货真价实”或者“借债还钱”。但是拜托了，这叫“民事责任”，是公民与公民、企业与企业，或者公民与企业之间的事。这样的“民责”，自有法院打理，你县委、县政府瞎掺和什么呀？

这些浅显的道理，是一说就能明白的。问题是，这项所谓“改革”已箭在弦上。就这么缩回去，于心不甘，否决也难。再说这想法，也不是一点合理因素都没有。所以，睢宁当局如果一定要坚持，也不是不可以。只不过，得换一个思路，甚至得做个“变性手术”。

怎么做？变“给公民信用评级打分”为“给官方信用评级打分”。因为第一，只有“官责”，没有“民责”。第二，正人必先正己。上级正则下级清，官风廉则民风洁。只要睢宁官场干干净净，自然就能形成“守法、守信、向善、向上”的良好社会风气。这不就是他们要搞“评级打分”的初衷吗？

何况正如睢宁县委宣传部给南方都市报的公函中所说，任何一项改革都有从探索、成熟到推广的过程。那么，谁当这“试验田”最合适？当然是县领导，即县委书记、副书记、常委，县人民政府县长、副县长。为什么？因为改革是有风险的。领导以身作则，率先垂范，理所当然。而且就算失败了，也没关系。第一，涉及的人不多，危害不大。第二，自己设计的方案，改起来也快。第三，领导“身先士卒”，冲在“改革第一线”，虽败犹荣啊！所以，睢宁的改革，第一步应该是“给领导评级打分”。这也就是睢宁县委宣传部所说的“探索阶段”。至于具体方式，可以参考成都市新都区的办法，我在《成都方式》一书中有详细介绍。但基本原则，一定是“民评官”，不是“官评官”，更不是“官评民”。即便“官评官”，也得是“下级评上级”。比如各局、委、办负责人跟公民代表一起，给县领导评级打分。

这样做两三年，没有问题，就可以循序渐进，依次进入第二步、第三步，即“给官员评级打分”（扩大到各局、委、办负责人）和“给一般公务员评级打分”。试验到这会儿，也就差不多了。如果成功，就可以从“成熟阶段”进入“推广阶段”。

向谁推广？行业。也就是说，向各行各业介绍自己的成功经验和不足之处，建议它们参照这个办法，来实现行业自律。我一向认为，行业自律是治理“道德沙尘暴”的一个关键。不过，这事政府不能强迫，不能干预，更不能越俎代庖、包办代替，只能建议和示范，还得在自己试验成功之后。否则，就不叫“自律”了。道德一旦不是“自律”，必定变成“伪善”；政府一旦介入行业，“市场”就会变成“官场”。这是断然不可的。所以，即便各行各业愿意学习这个办法，也不能由政府来评级打分，只能由消费者和同行来评来打，还得行业自己邀请。但真能到这一步，也就算是成功。

至于普通老百姓的道德问题，就不劳当局操心了。管好你们自己，才是正经。就算民众看着你们这办法好，愿意“见贤思齐”，在“官员自正”和“行业自律”之后，也来一个“公民自治”，那也是以后的事情。像睢宁当局现在这样，事先并不征得同意，也无任何授权，就擅自公布公民个人信息，还要评级打分，则谬莫大焉。如不打住，其结果必定是“满街伪君子，遍地真小人，处处幺蛾子，时时沙尘暴”。谓予不信，看看当年“斗私批修”、“游街示众”是什么后果，就能明白。

[2010年3月31日]

基层政治：从“大字报”到互联网的博弈

◎夏佑至

上世纪90年代末，农民与基层政府的苛捐杂税作斗争的时候，复印机的普及起了至关重要的作用。有了复印机，匹夫匹妇可以把深藏在庙堂中不见天日的“减负”文件广为散发，为抗捐抗税行动赋予了合法性。于建嵘说“复印机改变了中国农民与政府的关系”，可见科技对基层政治生态产生的影响。那之后，经济和政治层面的城乡差距继续扩大，城里维权早就发展到了互联网阶段，村里的主流形式还是复印机和“大字报”，直到2009年，形势才有了全面趋同的迹象。

从河南的“灵宝帖案”、山东的“曹县帖案”、内蒙古的“吴保全帖案”、河南的“沁阳帖案”、湖北的“十堰帖案”，以及最近发生在江苏泰州的“泰兴帖案”（《南方周末》4月1日报道），可以明显看到，网络已经成了城乡公民举报基层政府或官员的共同渠道。由此引发的反应也惊人的一致。发帖的人被公安机关抓捕（屡屡跨省），被检察机关以“诽谤”或“侮辱”或“诬告”罪名提起公诉，一审法院通常认定有罪，当事人不服，提起上诉。

上诉之后的情形各不相同。有发回重审、罪加一等者（“吴保全帖案”），有维持原判者、刑满释放者（“泰兴帖案”），有撤销上诉、赔礼道歉者（“曹县帖案”、“灵宝帖案”和“十堰帖案”），有取保候审、国家赔偿者（“沁阳帖案”）。

不管是哪种情形，对法学界人士来说，以上几起案子大多存在事实认定有误、程序不当、法律适用错误和法律精神领会不准确等等问题，没有一起是程序和实体没有瑕疵的“铁案”。各地办案人员在同类案件中所犯的错误也相当类似：公安机关总是先抓人再收集证据；检察院总是越俎代庖，对分明属于自诉的案件提起公诉；法院的判决经不起推敲。至于发回重审反而加刑的，更是有钻法律制度的漏洞，实施打击报复的重大嫌疑。

好事不出门，坏事传千里。这些层出不穷的案子的案情迥异，各地的处理手法却如出一辙，可见公检法沦为地方政府或个人实施钳制言论和打击报复的工具，已经不是个别现象。要求司法独立于地方政府的呼声从来没有停止过，这些案件更加证明了其迫切程度。司法机构先是充当打击报复的工具，一旦相关案件在舆论的压力下撤销，法庭向被冤屈的当事人赔礼道歉时，又扮演替罪羊的角色。如此反复，法律的公正和司法的尊严荡然无存。

法律被政府和个人的作为所绑架，已经成了基层政治中特别值得警惕的现象。维权者已经在实践中更新了知识，提高了技能，“泰兴帖案”中的农民就是一个例子。他们走过了从写“大字报”到请人上网跟帖（4 块钱一条，是市价的 8 倍）到自己熟练上网的维权之路，但地方政府和官员的反应还顽固地停留在“大字报”时代。频发的“帖案”显示，基层政府和官员相信通吃，不相信妥协；相信强力，不相信协商；

即使互联网已经改变世界，他们仍然相信，舆论是可以操控的，而不是尝试去面对现实。他们的共同反应是把公检法推向前台。

借道司法途径并不意味着要用公正的方式达到目标。地方政府或个人隐身在幕后，把法官当作家臣，不管结果如何，最后埋单的是整个社会。人们失去对法律的尊重和信任，只能诉诸信访，当信访的渠道被壅塞（这一点毋庸多说），群体事件就会变成顺理成章的结果。

要打开这个恶性循环的死结，政府首先要对现实有一个清醒的认知。从“大字报”到复印机再到互联网，技术不仅改变了我们的生活方式，也改变了中国人的政治意识和中国基层的政治生态。如果意识不到时代在变化，意识不到这种变化包孕着全新的政治动机，不能对这种变化了的环境作出正确的反应，就会像“帖案”中的各地政府一样，对形势产生误判。中央政府已经认识到，在群体事件中动辄把警察推到第一线的做法是错误和危险的。把司法推到基层政治博弈的第一线，同样错误，同样危险，但也许还没有被认识到。

[2010 年 4 月 11 日]

数据民主之下的美国矿难追责

◎涂子沛

奥巴马就职的第一天，就承诺要把政府的透明和开放推向一个新的高度。之后，他连出重拳，于去年5月推出了美国政府数据门户网站 Data. gov；随后又发布了“开放政府的指示”，为政府各部门的数据公开工作制定了严格的时间表。作为该项工作的总负责人，联邦政府首席信息官昆德拉解释说，这是一场数据民主化的运动，政府数据作为一项公共资源，应该像天气预报、体育赛事和股票信息一样实时公开。通过把信息的力量放到民众的手中，可以增加民众对公共事务的参与、对政府的监督。

奥巴马的改革到位了吗？信息真的在美国民众手中产生了力量吗？4月5日，美国西弗吉尼亚州发生了一起死亡29人的严重矿难，全国为之震惊。矿难后，美国民众也进行了一次网上追责，探究灾难发生的原因。与国内盛行的“人肉搜索”不同的是，美国民众采用的是“数肉”：找到数据，发现真相。

矿难发生的当天，民众舆论的矛头首先直指政府主管部门——美国煤矿安全健康局，第一个问题是：该局是否工作到位、监管得当？

Data. gov 的网站上已经公开了从地理人口到经济能源等

十余万项来自政府各部门的数据资料，网民很快就在网站上查询到答案。出事的上大煤矿（Upper Big Branch Mine）属于梅西公司（Massey Energy），老板叫布兰肯希普（Don Blankenship），其经营有 46 个地下煤矿。在 Data.gov 上，各煤矿的名字、地点、所有人和经营人等资料都条目清晰。在煤矿安全健康局的网站上，可以看到“煤矿警告、命令和安全”的数据库，输入“上大煤矿”，返回逾千条数据条目，这些数据，是该局对上大煤矿进行监管的流水记录。每一条记录，都包括检查的时间、结果、违反的法律条款、处理的意见、罚款的多少、已缴纳的金额、煤矿是否申诉等数据项。

这些数据表明，上大煤矿的安全生产早已亮了红灯。该煤矿仅上个月就有 53 条违规记录，其中 12 条与地下逃生通道和通风设施有关。2009 年，上大煤矿共有 515 条违规记录，被处以 897325 美元罚款，违规次数是全国平均水平的 11.6 倍。甚至在今年 1 月 7 日，其又因为通风设施的问题，被处以 66142 美元罚款，是罚款金额最大的一次。

既然早已劣迹斑斑，为何迟迟没有关闭？——其实，这 1000 多条数据记录也提供了答案。煤矿安全健康局的官员解释说：为了保证公平，安全审查中设有申诉制度，在最后的申诉结果出来之前，无法关闭煤矿。不幸的是，申诉过程复杂冗长，梅西公司正好以此作为缓兵之计，不断提出申诉，最终导致了悲剧的发生。数据显示，在 202 项比较严重的警告中，梅西公司对 154 项进行了申诉；对于前 100 宗大额罚款，梅西公司只认了 15%的账。

4 月 6 日，矿难发生的第二天，煤矿安全健康局特事特办，将上大煤矿的监管记录打包专列到一个文件中，供网民浏览。这些数据是政府职能部门“有所作为”的最好注脚，煤矿安全健康局也因此在民众的视线中迅速“脱责”，关注的焦点很快转移到梅西公司的管理层上。政府一而再、再而三地警告处罚，这貌似一场可以避免的灾难，梅西公司是何方神圣，胆敢如此漠视政府的三令五申、顶风作案？

还是归功于奥巴马的数据民主化运动，梅西公司及其老板布兰肯希普的政治影响力很快以数据的形式浮出了水面。

在一个叫“透明数据”（TransparencyData. com）的网站上，网民可以查询到和梅西公司相关的全部政治捐款记录。“透明数据”网站收录了全美联邦、州两级政治竞选的全部捐助情况，从竞选捐款人、受益人、捐款额，到时间、地点，甚至竞选结果的数据都在该网站上免费共享了。数据表明，自2003年以来，梅西公司有过326笔政治捐款共计287万美元，绝大部分是布兰肯希普个人捐出的。稍作数据分析，网民就发现了捐款的两个特点：一是近90%的捐款14笔共2485500美元流向了一个叫“以孩子的名义”的组织；二是接受款项最多的个人是西弗吉尼亚州地方上诉法庭的法官本杰明（Brent Benjamin），计24笔共22500美元，其次是现任州议员安第斯（Troy Andes）。

“以孩子的名义”也是一个竞选组织，它在新闻网页和视频网站上留下的唯一足迹是一场罢免驱逐地方上诉法庭麦格劳（Warren McGraw）法官的选举运动。顺藤摸瓜，网民很快发现，这名法官曾作出过一系列对梅西公司申诉不利的判决，至于现任州议员安第斯，曾在梅西公司的公关部工作过。

2004年，麦格劳法官败选，新当选的法官正是梅西捐助次数最多的个人：本杰明。

“本杰明”果然经不起搜索。在美国最高法院的网页上，更多的故事浮出水面。4月8日，有网民贴出了其涉及偏袒梅西公司的案件链接：在一场涉及5000万美元的索赔官司中，他的陪审团投出了关键的一票力挺梅西。但原告不服，继续上诉到最高法院，2009年6月8日，美国最高法院认定本杰明接受过梅西公司直接和间接逾250万美元的捐款，存在“重大偏袒”的可能，判决其回避。

至此，一幅充满数据细节的图像已经清晰地出现，灾难发生的原因不言自明。梅西公司利用申诉制度对付政府的监管，一再拖延被关闭的命运；同时通过政治捐款在权力机关安插扶持代言人，以争取最大的生存空间。从目前的情况看，这些都是在法律框架之内发生的，梅西公司钻的是制度的漏洞。4月8日，网络舆论、新闻媒体又开始转向，开始了新一轮制度层面的反思和批判。

还有值得一提的是，在网上追责的过程中，网民还曝光了搜索到的其他一些数据：梅西公司下属的另外一家煤矿鲁比煤矿（Ruby Energy Mine），同样岌岌可危。2009年，鲁比煤矿受到573次警告、1668408美元罚款，总数甚至比出事的上大煤矿还多，唯一不同的是，鲁比煤矿受到的严重警告仅15次，较上大煤矿少33次，这可能是它至今还没“引爆”的原因。如何完善制度、避免同样的悲剧在鲁比煤矿重演，已经成为当下美国民众热议争论的话题。

［2010年4月13日］

美国人看不懂韩寒

◎徐贲

3 月 12 日《纽约时报》刊文《写博客挑战体制的赛车手》。美国读者有不少回帖。有一个回帖是这么说的："要是韩寒出生在美国，他说不定也是千千万万不满青年中的一个，没有工作，家庭破碎，教育低下。"另一个回帖是这么说的："韩寒说'他们的生活与我们完全不同。这些人和年轻人唯一的共同点是他们也有 20 多岁的女朋友，只不过他们的女朋友都是地下的'。这听上去像不像是在说我们（美国）的银行家和权力寡头。有钱的和权力相互勾结，美国跟中国一样。"

从韩寒联想到美国失落的一代年轻人，或者联想到美国的权金勾结，美国人看来并不懂得韩寒的中国意义。这是因为中美社会的差距实在是太大了。首先，美国人不需要像韩寒那样拐弯抹角的说话方式。他们有要说的话，完全可以直截了当地说出来，韩寒运用的是一种对美国人来说非常陌生，也不需要的说话方式。其次，像韩寒那样拐着弯、费劲地说话，难以设想在美国会有像在中国这么众多、这么热烈的听众。韩寒要求听众的是一种对美国人来说非常陌生，也不太喜欢的听话方式。

韩寒的话语玩的是一种不按常理出牌的真实话语游戏。

韩寒的许多听众从韩寒那里寻找的正是这样一种刺激感，而未必是什么振聋发聩、闻所未闻的全新见解。韩寒又很“会说”，更加增加了他说话的刺激感。

韩寒说话的“出题”和“应题”方式对美国人来说也是完全陌生的。例如，韩寒有一篇很有名的博文《城市，让人民死得早》，光在他的博客上，点击率就超过了97万，评议近9000条。要是美国报刊上有一篇这样题目的文章，那必定会具体分析城市人死得早的种种原因。而光看韩寒的博文，写的则又分明不过是一宗普通的车祸事故。

如此明显“煽情”的博文，却能有如此巨大的反响，在美国是不可思议的，而在中国却就有这样的事。韩寒无论写什么，都有明星效应，这个不假。但是，像“城市，让人民死得早”这样的题目，拨动的却是许多中国城市居住者焦虑不安的心弦。在美国人那里是“煽情”的说法，在中国语境中却成为一种合理夸大。

卡车撞死女孩，是韩寒眼见的一件事，他没有以此来作任何社会、政治评议，但是读者却会有这样的联想。这是因为，在城市无人性的快速发展面前，人变得越来越渺小，越来越微不足道，许许多多人早已在生活中有了这样的感受，韩寒不过是用真话、实话提醒了他们而已。

韩寒还常常运用非常“俗”的话语，甚至还有许多直接、间接与性行为有关的说法。这是一种自然人的“自然俗”游戏。这种回归“自然人”的手笔，虽然在15～16世纪文艺复兴时期的写作中就已屡见不鲜，但在中国却仍然是一种让人觉得又及时、又新鲜的游戏。文艺复兴时期的“自然俗”颇覆的是中世纪那种貌似正经崇高、实质腐败肮脏的教会戒律和行为。既然这类戒律和行为已经从美国生活中消失，“自然俗”的游戏也就成为多余。韩寒在今天的中国还能把“自然俗”的游戏玩得这么好，不但不多余，还这么有人气，全是因为还有“自然俗”可以颠覆的东西存在。

韩寒是一个应时而生的写作者，就像上世纪 80 年代走红的王朔一样。今天，韩寒是走红的作家，他的话语有很高的“可引述性”，甚至变得有点类似流行的顺口溜和段子。这样的话语，就和时尚一样，它的生命力在于“流行”。可是，时尚是不可能永远流行的。“流行”的时尚话语很容易变质为一种“矫揉造作”（mannerism），王朔就是前车之鉴。我们无法预料韩寒是否永远会给他的读者带来新鲜的兴奋感，也许韩寒的价值根本就不在于永远有韩寒在说话，而在于以后永远要有人像今天的韩寒这样去说话。

韩寒说话，提供的不是一种“确实无疑”的知识，而只是对于某个问题的感受，其权威来自他的经验和观察，而非他的学问。韩寒的写作和他的说话一样，他所作的完全是一种“业余”的写作。与正儿八经的“文章”相比，他的话题要自由得多，什么问题或事情重要，为何值得议论、怎么议论、议论到什么程度，等等，都由他自己来决定。读者喜爱他的特立独行，就是因为这个。

在韩寒博客中，可以看到一种“思索”比“思想”更重要的写作方式，它没有一定的形式，有话则长，无话则短。但总是在绕着弯子，尽量安全地把真话说出来。他的博文零零碎碎，但思考者与思考对象始终交融在一起，整体性则是来自这种交融。那是一种因韩寒这个“我”才有的整体性，喜欢他的博客文字，就会喜欢他那个人，反之亦然，这样或那样，都成了他的粉丝。

有人因此把韩寒当成了一个普通的明星，那是不对的。韩寒有明星效应，但他并不是娱乐、体育一类的明星。韩寒是一个思索者，他不像高尔夫球星伍兹那样有国际性，他在中国的知名度也不是因为他的赛车比赛，而是因为他有言论。而且，他的言论的内容和方式都是中国式的，基本上只有中国人才能心领神会。出了国界，韩寒就会不被理解，甚至被误解。韩寒自己就明白这个，他对《时代》周刊记者说：“美国读者应该不会对中国文学有兴趣，而我也不会对美国文学感兴趣。”韩寒比许多教授都更清楚，中国人对现实最微妙的想法，只有中国人自己才懂。

张鸣说过，全中国所有的教授加在一起，影响也比不过韩寒一个人。确实如此。现在大部分教授都很擅长于说大的，说空的，这样的空话既无法证实，也无法证伪。韩寒只谈身边的小事，他的读者不费力就能明白他的实话。这就是所谓的“谎话要说大的，实话要说小的”。如果不说真话、实话，不要说是所有的教授，就算再添上所有别的精英人士，加在一起，影响也未必比得过一个韩寒。

［2010年4月15日］

鼓励良善行动以化解垃圾困局

◎郭巍青

《南方都市报》以“垃圾倾城”为题发表大型系列调查报道，将“垃圾困局”再次提上公众议程。报道涉及垃圾问题的多个方面，看了以后多有启发。套用一句官话来说，我从这些报道中既看到了危机，也看到了希望。

关于危机方面，报道清楚表明，整个珠三角地区，从南海到珠海，从佛山到中山，从广州到惠州，垃圾与人争地的矛盾越来越尖锐，由此产生的环境污染也越来越严重。

那么希望在哪里呢？最大的希望在于，通过对垃圾问题的持续报道和广泛讨论，广州以及珠三角各地开始形成了解决垃圾问题的社会基础和社会动力。越来越多的公众并不停留于对环境质量的担忧与抱怨，而是积极行动起来争取改善。具体的表现是，公众要求参与对垃圾处理技术的选择；要求技术专家不仅要面向官员，而且要面向公众，解释技术与环境的关系；要求对已经实施的垃圾焚烧项目予以更严格的监督和约束；还要求对推行垃圾分类提供更多的制度资源、财政资源以及行政资源。

在这里，比较一下美国的经验，会帮助我们得到更清楚的认识。美国著名的环境科学家巴里·康芒纳于1990年出版著作《与地球和平共处》（中译本由上海译文出版社于 2002 年出版），其中有专章论述“预防垃圾危机”。康芒纳讲述了这样一个故事：上世纪 60 年代开始，美国各地面对垃圾暴增、填埋场用尽的尴尬局面。之后，焚化技术登场，迅速铺开，但是遭到了越来越多公众抗议。政府便邀请技术专家写论证报告，拍胸脯保证焚烧安全。但是，社会公众以及独立的专业团体以更多的事实和新的数据论证提出反驳。多个城市的议会机构召开会议，两派对质，激烈辩论。许多焚烧项目在此过程中下马，有些地方转向“循环法”，即以分类、回收、减量为主的处理方法。

当我们自己也经历了垃圾问题的辩论过程，再来阅读康芒纳所总结的这段历史，谁能不感叹，历史竟是如此惊人的相似。而且连过程细节和辩论理据都如此相似，岂不令人拍案称奇！因此，请记住康芒纳的鲜明结论：第一，“假如没有公众的反对，就不可能有人从科学角度对焚化业提出挑战，从而也不可能对这个产业获得新的认识”。第二，公众可以参与到生产技术的选择决策中来，“这样做体现了环境民主的巨大威力”。这是一项历史性转型的先锋，只有实现这种转型才能恢复环境质量。

因此，尽管垃圾围城的确严重，但绝不等于说，焚烧是唯一的解决办法。尤其不能说，焚烧是最安全的好办法。尊重公众的环境感受，保障公众参与的神圣权利，政府才能发展出好的垃圾管理方法，企业才能找到好的垃圾处理技术，并在其运营中承担社会责任。

还不仅如此。在普遍道德失范的现状下，公众关注垃圾处理技术的选择，不但具有环境民主的意义，更重要的是，还具有带动和促进社会向善的意义。所以，我把积极参与垃圾分类的公民行动，称作“良善行动”（Good Conduct）。从记者的报道中，从个人的接触中，不难发现，公民社会中处处都有良善行动。

例如，环保组织“自然之友”从上世纪90年代开始与地方政府积极合作，在广西某农业县开展垃圾分类和堆肥项目试验。按照他们总结的数据，原来使用10年的填埋场，可以延长使用期限至40年，垃圾减量效果显著。

又如，番禺一些业主自发组织“绿色家庭”活动，以自愿互助的方式对家庭垃圾作分类回收。有些业主通过堆肥试验或其他方式，尝试全部消化自己家里的厨余垃圾。还有一些业主自己称量和记录家庭垃圾的重量，为验证垃圾分类的减量效果采集基础数据。

此外，还有一些业主专门关注有害垃圾的回收与处理问题。按照他们的观点，有害垃圾的回收对于保证环境质量具有第一优先的重要性。为了引起全社会对这个问题的足够关注，他们自己收集有害垃圾，并将六大袋有害垃圾送到城管部门，要求协助处理。

我在朋友的博客中看到她记录自己日常节水的种种小办法。她写道，每一种办法的效果可能有限，但是，看到贵州大旱，想到有一天我们也会缺水，我做了，我将没有内疚。

这并不是全部。有很多具备专业知识和能力的人，有很多企业家，努力寻求、论证、试验各种更加绿色、更加环境友好而又可持续的垃圾处理方式，他们都是在做良善行动。

还要特别指出，番禺业主将六大袋有害垃圾送到城管部门要求处理，时隔一周后去查询，发现垃圾还堆在原地，据说是如何处理还要跟环保部门取得协调。偌大广州竟然没有处理有害垃圾的流程，这可真是个坏消息。不过网友们正确指出，接手的人至少没有把它直接送去焚烧，这就是守住了底线。至少他们还在协调，这就是努力。而我愿意说，这也是良善行动。

就像每个人捐献一元钱，汇聚起来就是可观数字一样；每个人只要为环境着想，做一点点力所能及的事情，所有这样的良善行动汇聚起来，就为消除垃圾困局积聚了最宝贵的民心民力。在此基础上，政府的态度和努力，将是最关键的因素。政府应该努力于制度创新，接纳并激励公民社会中的良善行动。近来有新民谣曰，群众已经过了河，领导还在假装摸石头。但愿这不是真的。这个时代真正有作为的政府，在垃圾处理与环境保护问题上，应该使用最大的制度资源，和公众在一起，推行垃圾分类。

［2010年5月8日］

中国富豪面对全球慈善新机制

◎郭巍青

世界最著名的富豪巴菲特与比尔·盖茨夫妇共同立下承诺，将于生前或死后捐出个人财产的一半，用于慈善事业。他们还把这项承诺作为“慈善倡议”，呼吁更多的人跟进，也作出承诺。巴菲特和盖茨还与中国的富豪联系，邀请他们赴深圳参加一次聚会，主题应该是围绕“慈善倡议”的话题交换意见。

我对这件事情持正面肯定态度。如果巴、盖二公果真践行承诺，如果世界各国包括中国的富豪积极响应，如果中国深圳能够见证一次慈善事业的跨国的高峰共识，我们实在是应该乐观其成。巴菲特等人的慈善倡议，是试图运用财富的力量以解决人类困境（贫困、疾病、生态恶化等等）的巨大努力，其中可能包含了许多创新。

简单地回顾资本主义的发展历史可以看到，市场制度是一台巨大的财富创造机器，但是，它并没能够彻底消除人类的贫困。古典经济学假定，市场作为“看不见的手”，能够使资源配置的效率最大化。从这里很容易产生出一种简单化的推论，即只要将市场逻辑运行到底，它所创造的财富之大，将使最卑微的人也能过上某种程度的幸福生活。然而事实并不是如此。市场竞争所拉开的贫富差距之大，经常突破人类良心的底线，贫困者完全可能被置于死地。

财富与贫困的相互关系问题，事实上是市场制度下的永恒问题。有两种制度化的努力，试图消除贫困。一种努力将贫困看作是市场与资本主义的“内在本质”，只有打碎它，才能消除贫困。这就是以苏联为代表的共产主义试验。中国实行计划经济的30年，也是加入了这场大试验。就理论来说，对资本主义和对市场的批判包含了许多深刻的视角和启发。但它要作为消除贫困的制度替代方案，却是失败的。

第二种努力，就是第二次世界大战以后发达国家转变为福利国家。福利国家理论将贫困看作是市场制度的功能失调，并主张用国家这只“看得见的手”，去纠正和平衡“看不见的手”。具体的做法，就是通过税收与财政安排（例如对财富拥有者实行高额累进税），进行二次分配。在此概念下，便产生了关于就业、教育、医疗、住房、养老等等领域中的一系列社会政策。战后30年间，福利国家一度大获成功，以至于人们以为，经由阶级大和解、社会大和解，贫困消失了，资本主义终于实现了普遍富裕。

不幸的是，有两个因素，使贫困卷土重来，也使福利国家陷入困境。一个因素是所谓人性。趋利本性使官员热衷于提高机构预算，从而导致高税收，但却只能提供日渐低劣的公共服务，造成巨大浪费。同样的趋利本性使公众耽于福利保障，形成刚性依赖，导致生产效率降低。而更重要的是，过去30年间，出现了另外一个因素，就是全球化。现在公认，是市场的创新力量带来了全球化。同时也有越来越多的人承认，市场力量的全球展开，在全球层面上创造出新的财富景观，同时也在全球层面上带来新的贫困景观；两种景观都令人目瞪口呆。就算福利国家还有用，也没有任何一个福利国家能够在全球水平上阻止贫富差距的快速拉大。

上世纪90年代末期，联合国《人类发展报告》揭露，头358位亿万富翁的总财富，相当于23亿最穷人口（占世界总人口的45%）的全部收入。自那以后，类似的计算就不断出现。随着中国经济发展起来后，多个亿万富豪也在中国涌现。但这只是改变了财富分布的空间格局，并不等于改变了全球的贫富差距。不妨想一想，富士康生产工人的年收入，与苹果公司高管的年收入相比，其间的差距恐怕达到数百倍。这种差距的确是史无前例的。

在今天的世界上，谁能消除贫富差距？谁有办法减少贫困乃至消灭贫困？结合历史经验来思考这个问题，就可以明白，“慈善宣言”代表了一种回答，它说“我能”。在巴菲特和盖茨夫妇看来，全球化带来的贫困问题，要以全球方式来解决。用中国话来说，叫做谁家孩子谁家抱，解铃还须系铃人。具体思路是，动员富豪的财力，建立全球慈善新机制。让我们先从最好的角度来看，这样的新机制，可能包含了四个方面的创新性设想。

创新之一是开辟新的财源。据说盖茨每秒钟赚100多美元，所以，他不会花一秒钟时间弯腰捡地上的百元大钞；对于他，那根本不值。无论计算是否准确，总之说明了他的富裕。而按照巴菲特的设想，如果美国富豪都响应他的慈善倡议，捐款总额将达到6000亿美元。这已经相当于一个中型富裕国家（例如沙特阿拉伯）一年的 GDP 总量。这样的巨额财富，不需要通过增加税收，所以是新的财源。

创新之二是诉诸人类共同的文化传统。慈善是最古老的人类行为之一，任何文化、任何宗教都包含有扶危济困、乐善好施的价值。因此，慈善诉诸人类传统，将不会有明显的文化障碍。

创新之三是超越人性局限。这里的意思是，足够大的财富，将使慈善行动者不受世俗功利的左右，从而能够选择最好的运作方式。著名社会学家吉登斯曾说过，技术进步使两性关系与生育行为相脱离，人类第一次有可能在性关系领域中建立“纯粹的亲密关系”。这种纯粹的关系是未来变革的最重要的社会动力之一。借用这个观点可以说，如果财富大到无须以慈善逐利，则我们有可能看到“纯粹的慈善”。

最后，如果以上三项都能实现，那么，这种超级富豪的全球慈善，本身就是创新之四。它既不是暴力革命的方式，也不是国家行政的方式，而是第三条道路或第三种努力。它既要求做一个最好经营者，从市场中积聚财富；同时也做一个有智慧、有责任感的公民，自主地运用财富的力量来消除贫困，维护经济正义。

当然，这一切是从最好的方面来说的，这一切尚未实现。这一切有可能只是乌托邦，有可能只是“盗梦空间”式的多一层梦中梦。然而我们要承认，“股神”巴菲特、“技术之神”比尔·盖茨，都是典型的全球化时代新富。他们的确是用新的方法来考虑和处理财富与贫困的关系问题，并愿意承担自己的责任。这是全球化进程中最大的一抹亮色。

今天的中国已经有了140位资产超过百亿元的富豪，巴菲特和盖茨已经发出邀请信，打算筹建关于慈善的中国富豪的“小团伙”。中国富豪与慈善事业，从此将成为全球议题。

谁也没有权利强迫富豪们捐出自己的财产去帮助穷人。但是，任何一位公民都有权利关心，中国的富豪们怎样看待财富与贫困的关系问题。他们的回答和表现，将影响整个社会的道德和信心，将使人们决定是否相信，这样的发展与这样的财富积聚，可以催生善良意志，可以引导出公平正义的人类关系。如果回答仅仅是，我们创造了就业，我们贡献了税收，我们拉动了GDP，我们也有捐过款，那么，这是旧世纪的旧答案，不是新世纪的新思维。如果是这样，社会将永远充满追问，究竟是什么，使我们失去了对于自由、公正、博爱的纯粹的追求与行动的能力？

[2010年9月12日]

请领导干部作为公民支持民间慈善事业

◎郭巍青

李连杰的壹基金是国内著名的民间慈善品牌，不过三年多来，它一直在复杂而充满矛盾的体制环境中运行。前一段时间，李连杰抱怨说，壹基金只能作为中国红十字会下面的一个项目来运作，无法成为独立的、有公募权的基金会。李连杰因此担忧，这样的状况难以持久，壹基金项目有可能会中断。对此，中国红十字会秘书长王汝鹏不久前公开回应说，红十字会与壹基金的合作一直顺利进行，原来的三年合约自然延续，并无中断项目一说。李连杰则迅速为此前的言论道歉，并承诺积极维持合作关系。

客观来说，中国红十字会与壹基金的合作具有很大的积极意义。它给民营慈善项目戴上一顶“红帽子”，使这样的项目获得特定程度上的运作空间。反过来，这也推动国有基金会改变原来的官僚化体制与僵化刻板的形象，因此是一项改革开放。为了使这方面的改革能够持续进行，积累更多的经验，合作双方维持“哥俩好”的关系是很重要的。

在承认进步的基础上，我想从价值观层面上提出一个问题，就是我们高兴不高兴、欢迎不欢迎、愿意不愿意见到独立的、民间的、非政府的公益慈善基金会的大量出现与有效运作。我自己的回答是绝对肯定的，我们需要有非政府的慈善公益组织与制度。这首先是因为，慈善公益的本质是非政府的社会行为，几乎所有的国家都如此，中国在很长的历史中也是如此，它是事情的自然的、本来的面目。此外，公益慈善的运作水平，是衡量公民社会发展程度高低的一个重要标尺。发育良好的公民社会，能够在消除贫困等等方面提供非常重要的补充性资源，从而减轻政府的管理负担，也减少高税收低福利、贪污浪费等等“政府失败”类型的弊病。

只要我们在价值观念上肯定独立发展的民间公益慈善事业是一个好东西，那么，心动不如行动。我们制度改革的目标，就不能仅仅是维持类似红十字会与壹基金这样的合作关系，而是要往前推进，使壹基金以及类似的民间组织成长为合法的、堂堂正正的、独立运行的基金会。然而一讲到这里，马上就会遇到所谓“国情”啦、“制度约束”啦等等一大堆困难。但是我认为，只要我们是真心要解放思想，建设公民社会，发展慈善公益事业，而不是说说空话忽悠人，那么办法一定是有的。

我愿抛砖引玉，提出一项“旧瓶装新酒”的行动方案，目的在于引起更多的讨论。所谓“旧瓶”，是一句已经讲滥的套话，叫做“领导重视”。所谓“新酒”，其内容则在于，从中央以降，每一位领导乃至全体公务员，在壹基金设立账户，每个月为慈善公益事业至少捐献一元钱起，多捐不限。完整的表述是，每一位领导带头在民间慈善公益领域中做积极公民。

必须说明，这里讲到壹基金，只是为了方便论述，以它作为民间慈善的一个代表。实际上，人们当然有权利按照自己的意愿，选择任何一个基金或项目。真正的重点在于，每一个在公务员体制中讨生活的人，不要把自己看作是公民社会之上的精英，或者之外的另一种人。相反，要把自己首先看作是公民。

为什么不能允许公民自己组织、自己运作一个慈善公益基金会，只要登记备案就可以？因为你有无穷的担忧，害怕“他们”会诈骗、会逃税、会贪污、会扰乱秩序，等等；一句话，害怕“他们”素质低，不知道会闹出什么来。可是，这样的担忧难道不是证明，你从来都是高高在上，从来没有想过自己也是一名公民，从而也是“他们”当中的一员吗？如果你把自己作为公民，积极为慈善事业捐款，关注这些捐款的使用目的和使用效率，那么，上述担忧还成立吗？

有大量的法律法规，禁止领导干部经商。但是，没有任何一条法规和纪律说，领导干部不应该像公民一样行动。如果领导干部经商，政府就没有办法管理经济了。但是，如果领导干部都是最虔诚、最积极的民间公益的捐款人和参与者，那么，民间慈善基金还需要那么多婆婆来管理吗？至少，原来想象的那些管理的理由，都不存在了。

作为公民，为公益慈善事业积极捐款很难吗？当然不是。每月一元，可能的话，十元百元，举手之劳而已。这正是壹基金以及类似项目所实践的当代慈善的新理念，即人人可为，聚沙成塔，成就大事业。中国13亿人口，一人一元就是13亿元，一年是150亿元，十年可达1500亿元。这种细水长流的方式，可以减少短期资金洪峰暴涨带来的管理压力，可以更有规划地提供长期服务。一个人如果做市长，他可能只想四年任期中怎样大把花钱做政绩。但是，如果他同时还是为公益捐款的一名公民，他会想怎样在十年中使自己的捐款用得最好。也许这本身会使他成为一个有不同想法的市长。

要言之，慈善公益领域中体制改革的困难，根本问题之一是，领导者和管理者，事先就不把自己看作是公民。如果他们能够在这一点上转变观念，那些所谓困难必定消失一大半，如果不是全部消失的话。最起码，领导者若以公民身份捐款，发展民间慈善，那么，底下人全都可以从各个单位的等级摊派中解放出来，就可以重新建立和表现自己的公益良心。我坚决相信，公益慈善事业将会发展得更健康，社会的道德面貌会更加美好。

［2010年11月14日］

网络语言由谁立规范

◎郭巍青

新闻出版总署最近认为："随着经济社会的发展，在报纸、期刊、图书、音像制品和电子书、互联网等各类出版物中，外国语言文字使用量激增，出现了在汉语言中随意夹杂英语等外来语，直接使用英文单词或字母缩写，生造一些非中非外，含义不清的词语等滥用语言文字的问题，严重损害了汉语言文字的规范性和纯洁性，破坏了和谐健康的语言文化环境，造成了不良的社会影响。"有鉴于此，新闻出版总署发出通知，要求"进一步加强规范出版文字使用"。

读了这份通知，我第一个感觉是，不知道"进一步加强规范"的说法是什么意思。关于汉语言文字的使用规范，已经有《国家通用语言文字法》和《出版物汉字使用管理规定》作出了规定。只要这些法规是有效的，它就有约束力，执行就是，怎么叫做"进一步加强规范"呢？假定某人犯了死罪，依法处死就是，执行法律的司法人员不会对其"进一步加强"死刑吧？

说起来，"进一步加强"云云，是非常普遍的官方用语之一。它其实包含着计谋式的语言策略，主要有两个意思。一是避免授人以柄，好像以前失职没有做好工作似的。"进一步”的意思就是过去已经做了很多工作，成绩很大，现在要“进一步”做更多。第二个意思就是凸显主体性。本来有了法律，行政部门的任务就是执行。但光讲“执行”两个字好像自己位阶不高，换成“加强规范”就不同。哪一步算“进一步”？要多强算“加强”？怎么做才“规范”？听起来好像有很大的讲究和空间。于是，“加强规范”就传达出一种权力的掌控感。其实大家都在官本位文化下浸淫多年，这些所谓语言策略的含义都很好理解。但是，在已经有明确法律的条件下，还动不动就“进一步加强规范”，这究竟是不是规范的汉语表达？我总是存疑，希望有专家来解释一下。

但要承认，新闻出版总署的通知中，确实有“进一步”的内容。这就是将电子书、互联网明确列出，作为“出版物”看待；而在《国家通用语言文字法》和《出版物汉字使用管理规定》中都没有这种规定。可以理解，10年前制定《国家通用语言文字法》的时候，互联网还没有像今天这样普及。根据统计，现在中国有4.1亿网民。互联网条件下的语言现象，非常值得关注。互联网条件下的汉语使用规范性以及汉语纯洁性问题，当然也是政府以及各界都应该关心的问题。但是，如果这是一个足够重大的问题，需要“进一步加强规范”的话，是不是应该先在法律层面上、专业层面上以及社会层面上“进一步加强”讨论才好呢？是不是应该先有立法才好呢？

更重要的问题在于，要在互联网这种“出版物”上对语言现象实施规制，超过了任何一个政府的行政能力。首先从数量上看，倘若将互联网定义为出版物，那么每天可能有几亿作者在出版某种东西，例如发表博客和微博。传统的媒介可以是先审查后出版，但在互联网上，必然是先出版后审查。若按照通知的规定，各级新闻出版部门要将出版物“纳入日常审读范围”，谁能想象这是一种多大的工作量？

其次，语言文字法对于方言的使用、繁体字的使用有很多详细规定，它们是否适用于互联网？从通知的全文来看，似乎应该理解为适用。因为通知中一开头就把互联网定义为出版物，然后要求“严格执行规范使用汉语言文字有关规定”。可是这样一来，如果我用繁体字写博客，或者与境外朋友交流时使用繁体字，便是违法，除非我事先获得国务院有关部门的特别批准。在方言地区例如广东，不少网友喜欢用粤语方言写作和表达，依据规范这已经是违法出版。若还“进一步加强规范”，天知道是不是严重违法。

再次，互联网上的语言现象，本质上是全球化现象。随着新技术新观念的传播，中英文之间的混杂交融达到空前的程度。据说，由于多个国家的人都在说英语，结果在许多国际场合产生了一种只用最基本词汇的“极简”英语。但是好像没有听说哪个国家的政府打算规范这种现象。焉知这不是一种物竞天择，又或者是一种创新呢？对于汉语，道理也是如此。太多人通过另类的“语言建构”，形成亚文化认同；太多人通过犀利的“语言解构”，以表达其批判理念或者启蒙理念。这不可以吗？人们没有权利这样做吗？撇开这些不论，已经冒出来那么多新词，怎么处理呢？粉丝、房奴、裸婚、浮云、被幸福、人肉搜索、翻墙、囧、顶……甚至微博（围脖）等等，是规范的汉语吗？Facebook之“脸书”，Twitter

之“推特”，是经过批准的正确翻译吗？我的朋友认为在网络世界中他的名字是“永杰Jack”，这是否非中非外，含义不清，同时损害了两种伟大的文字？许多人已经须臾难离的MSN、QQ还可以这么叫吗？如果这些都不可以，那为什么“拍砖”、“给力”却可以呢？须知在任何一本字典上，都没有“给力”这个词。因此，标准在哪里，有谁真的能够一一解释清楚吗？

说到底，互联网是一种打破了出版的出版，是打破了规范的规范。其中的语言变迁和语言革命，也许有一点类似于流行音乐颠覆了古典音乐。从历史的经验可知，古典音乐依旧永存，只是音乐的“规范”更加丰富了。而这种丰富性，是任何权力都无法事先规划，也无法加强管理的。

［2010年12月26日］

广州可不可以有一条梁启超路？

◎庄礼伟

一个城市的沿革与风貌，从它地图上的地名就可窥知一二。我曾在一篇谈台湾的文章中说：“台北市的地图，就长着一张非常中国的脸，大概有一半街巷，是以大陆地名来命名（连康定路、内江街、汀州路都有），其数量和密度之高，堪称中国之最；还有一些路名，则是儒家伦理的词汇轰炸（忠孝仁爱信义四维八德之类），更确切地说，是国民党迁台后，让台北长了一张‘怅望大陆的脸’，台北的那些地名，和盘托出了流亡者执着的故园之念。”

而我移居广州前对这座岭南大城的喜爱，在一定程度上是由于广州那些被海潮洗过、蛮烟笼过、热带阳光照耀过、乡土历史浸润过的地名：荔湾、越秀、芳村、海珠、六榕路、七星岗、十三行路、潮音路、水莲巷、芦荻巷、丹桂里、龙眼洞、田螺墩、白鹅潭、烟墩路、濠畔街、飞鹅岭、犀牛街、寺贝通津、一德路、豪贤路、天字码头、如意坊、珠玑路……

广州还有许多带“岗”字的地名：松岗、萝岗、黄花岗、燕子岗、龟岗、桂花岗、竹丝岗、横枝岗、马骝岗、桐油岗、牛眠岗……都可给人一种山水错落、温暖圆润的想象，广州还有象岗，这是否说明那个深藏着南越王墓的地方曾经竹蕉摇曳、象群出没？广州还有菩提路，有雨帽街，矜持而又潮润的南国况味。

不过，近20年间，广州有2000多个像上面那样的老地名已经消失。当然，也有许多新地名诞生。近些年，广州人对本土地名议论的焦点大致可以概括为：老地名成为濒危物种，新地名又在焚琴煮鹤。例如，有关方面曾试图把康王路改称世纪路，只因为当地有个楼盘叫世纪广场。而那些得到政府批准已在使用的地名中，更有像珠江新城里的华明路、华成路、华利路、华就路（据说暗含“名成利就”的聪明创意）和兴国路、兴民路、兴安路、兴盛路（据说暗含“国民安盛”的巧妙构思）这样按官方意志粗糙制作的制式地名，密集戳在珠江新城里，让人胃堵。坊间对珠江新城这些地名的恶评不时涌起，但改动地名的各方面成本太大，于是广州的中央商务区就只能同这些无趣、无个性却又虚火翻腾的地名永远在一起了。

可见地名不是小事，事关地方形象和公众利益，是公共资源，取名的过程应当谨慎并且透明。过去广州有很多生动有趣有个性的老地名，我盼望今后广州还会有很多这样的新地名，并且我还有如下建议：对于建城已有2200多年的广州，它的新地名中应当有一些用来录载历史、缅念先贤，例如，广州可不可以有梁启超路、马思聪路和冼夫人塔？广州确实有一些这样的地名，如中山路、逸仙路、执信路、仲恺路、仲元路、星海音乐厅、白沙巷（纪念明朝岭南大儒陈献章）等等，但这样的地名实在太少。

梁启超生于广东新会，在北京成为时代风云人物，但他生命中有近10年是在广州度过的。他1885年入广州学海堂（今越秀山附近）读书（13岁），1889年在广州参加乡试并中举人（17岁），1890年在广州拜康有为为师，1891年随康有为在广州万木草堂读书，1894年才随康有为离开广州前往北京。可以说，广州是梁启超成为一代国学宗师和社会改革家的起航之地。关于广州，梁启超有终生难忘的记忆："粤秀山之麓，吾侪舞雩也……春秋佳日，三五之夕，学海堂、菊坡精舍、红棉草堂、镇海楼一带，其无万木草堂师弟踪迹者盖寡。每游率以论文始……"梁启超记住了广州，广州记住了梁启超没有？作为广东省省会，用梁启超这位杰出的"岭南之子"的姓名冠名一条路来纪念他有没有过分？

同样，广州可不可以有一条马思聪（他曾多年在广州从事艺术事业并已归葬广州）路？我查了一下，偌大的中国，只有在廊坊有一条梁启超路，在马思聪故里广东海丰莲塘村有一条马思聪路。当然纪念先贤不一定非要用路名，但如果新的路名中又是华明路、华成路一类的东东，那么就不如用岭南先贤的名字来冠名，好歹让外人知道广州有一点文化。

当然，广州确实有一点文化并且愿意在地名上费一点心思的，这不，最近又要为新广州电视塔再征一次名了。民间的"小蛮腰"已有很高的美誉度，不过这只能是一个诨号（就像北京的"大裤衩"或"智窗"）。新电视塔之名应有本土品质、独特内涵、跳脱的意趣，巴黎铁塔以其设计师埃菲尔之名命名，美国的电影艺术与科学学院奖以普通人奥斯卡之名为别名，都别出心裁，驰誉世界，给人深刻印象。那么，伫立南粤珠江之畔的"她"是谁？"她"当然是一位女士，一束修长衣裙，微微敞开的高领，透着雍容大气的古典神韵，这种神韵，妖冶的“小蛮腰”当然无法传达。某一天，我自以为是地有了答案：“她”，就是冼夫人。

冼夫人，广东高州人，生活在公元6世纪，是岭南先民中间的杰出女性领袖（被后世尊为“岭南圣母”），在现代风貌的广州江岸上站立着这样一位可做岭南历史文化代言人的女士（通过对新电视塔的命名），等于在江岸向天空拉升一支高高的时间之轴而与岭南大地垂直地交相辉映。

将这座塔命名为“冼夫人塔”（口语中可直接简称这座塔为“冼夫人”，塔中可设冼夫人纪念馆等岭南文史设施），可在全国、全世界叫响岭南历史、岭南文化，而其英文干脆就叫 Lady Tower，估计全世界有一半人会认可这个名字。

我提出这个命名建议，其实只是想起一种拦阻、阻击作用——希望广州这个新地标的名字，可以取得更好，至少不要低于“冼夫人”。

[2010年5月11日]

陈文茜的80年代和韩寒的10年代

◎庄礼伟

历史告诉我们，有些革命者在革命成功后会陷入“革命者困境”。他们习惯于革命，生命被革命所撑膨，人生也因革命而获益，但革命没有了怎么办？隐隐的失落感驱使他们只能继续寻找革命，或制造革命（例如制造出“无产阶级专政下的继续革命”这个必要性）。对于当代社会运动参加者来说，如果总是被“对”与“错”、“敌”与“我”的二元对立意识所支配，总是沉溺于对“历史”、“天下兴亡”、“真理”、“进步”、“匡扶正义”等大词的自我期许中，那么也会面临一个二元对立实体消失后或模糊后怎么办的问题。

在台湾，曾经革命的民进党上台后纵容贪腐，曾经是革命对象的国民党现在成为一个把台湾拉离战争边缘的党。岛内政治已成一团糨糊，就岛内政治反对来反对去难免出现“反对疲劳”，这时候，两岸关系、民族大义就有可能成为新的历史使命选择。

所以，当陈文茜表示她想做两岸谈判的台方代表（如担任海基会副董事长），同时在言论中把自己的人生使命与一个更大的共同体（中华民族）联系起来，与一个更广阔的时空（百年来激荡的中国史）联系起来，就不足为奇了。在当地官员陪同下对上海世博会做了数次采访的陈文茜，在“夜间，穿过卢浦大桥，往下探”，对黄浦江两岸外观上的变化既咏且叹，对上海百年来的苦难与兴盛抒发了深切的感慨，仿佛她已在黄浦江畔站了一百年。对于籍贯是台湾本省的陈文茜来说，这是她人生使命转向的体现，新的人生戏台以超长跨度搭建在海峡两岸之上，堪比上海世博会的堂皇与壮观。

但问题是，她观察大陆的视界太过注重那些表面的、形式上的、符号化的事物，却对中国崛起要以普通民众权益的崛起为第一指标有所忽略。太强烈、太宏大的历史意识、天下意识以及为了保持人生舞台的面积，使陈文茜从背靠台湾指点大陆，转向背靠大陆指点台湾。很难说，这是不是一种机巧身法。但无论如何，她批评韩寒的那些话，实在不像上世纪 80 年代她和韩寒年纪一样大时说的话，倒像是世博会新闻官对世博会外众多“杂音”的训斥。

陈文茜的 80 年代

自 1979 年美丽岛事件到 1990 年野百合运动，台湾经历了一个社会运动的史诗年代，也经历了一个政治转型的关键年代。此后的台湾历史，就有点琐碎和平凡了，尽管在政治变革方面，沿着上世纪 80 年代的惯性，仍有许多发展，政治生态方面，也有戏剧性的场面迭出，但台湾社会的整体心态，竟被许多的疲惫、烦闷侵入。上世纪 80 年代参加社会运动虽有风险，但那是大多数人反对少数人（乃至可极化为“所有人反对一个人”）的运动，所以大家都很热血；而现在是一半人反对另一半人，夹杂着“每个人反对每个人”的极化状态，热血年代就变成了狗血年代。

早年曾流泪熬夜写海报的保钓青年马英九，现在成了台湾领导人，但他显然不是一个为创造史诗而走到前台的人。而美丽岛一代人，大多数也光环落尽，归于寂寞。不过也有极少数人，依然活跃在政坛或意见圈中，例如陈文茜。

1979 年发生美丽岛事件时，陈文茜 21 岁，但参加党外运动已有两年的资历。27 岁时（1985 年），陈文茜担任《新潮流》杂志总编辑，成为党外运动的知名宣传家。25 年后，同样 27 岁的韩寒出任《独唱团》主编。不过在政治抗争的锐度和专业性方面，《独唱团》实在和《新潮流》不是一回事，就凭这一点，老革命陈文茜在香港应该对韩寒持有更多的慈祥与厚道。当然，陈文茜在社会、政治、创作、主持领域的长盛不衰，也是韩寒需要付出更多努力才能达到的目标。所以陈文茜在香港对韩寒关于职业发展的一番告诫（如珍惜影响力、厚筑文化底蕴等等），也不算多余。

1986 年台湾党外运动力量组建民主进步党时，陈文茜是这个党的重要文宣家，这一年，陈文茜 28 岁，正好是韩寒 2010 年的年龄。在那个年代，陈文茜是一位年少成名的资深社会运动人士，是职业化的政治反对派；而同样年少成名的韩寒，并不是一个职业的社会运动参与者，他把大量时间用在赛车训练和比赛以及约会女友，间或做一个冷嘲热讽的博客写作者。在韩寒所遭遇的这个庸常犬儒的年代，需不需要英雄是一个有很大争议的问题，而韩寒看来也无心做像美丽岛一代那样的英雄。新世纪的 10 年代是凡人年代，是凡人通过琐碎的日常行为来风化岩石的时代。

韩寒的10年代

在新世纪的10年代里，“80后”、“90后”在制度化的中小学和大学教育环境中成长，早就学会了伪饰、顽世，既会靠拢组织，说电视腔，喊喊口号，也会做离心分子，嘲讽口号。在更多的时间里，他们更愿意沉溺于青春期的种种乐趣，远离严肃的社会问题，例如几乎没有大学生会像吴向宏博士那样去追问国家政策导致资源错配对大学生就业的负面影响，失业或隐性失业的大学生在人数上早已形成规模，但他们也没有产生出自己在就业议题方面的压力集团和代言人。当香港的大学生抗议教育政策和学费政策时，内地的大学生还要靠他们的兄长辈和父辈来代言，包括要让没上过大学的韩寒来代言。对于“80后”、“90后”来说，韩寒在财富领域和社会领域都算得上是成功人士，更重要的是，韩寒挣钱、说话，都不必仰庙堂鼻息，有较大的自由度，这些都是这一代年轻人所渴望但又未必都能做得到的。

在社会言论运动方面，张鸣一句“现在的中国教授加起来对公众的影响力赶不上一个韩寒”，让韩寒成为社会言论运动的神器、钟馗、孙大圣。这是运动中自然生成的一种技巧，人们把声望和力量输送、汇聚到代言人韩寒那里，希望通过（或者利用）韩寒“硬顶上”，来达到“要几大就有几大”的传播效应。这也相当于竖起一个叫做韩寒的云梯，去攻打一座城堡。

这座神器当然也具有10年代的特征，尽管他在严肃议题上的发言不能偏离运动的政治正确轨道，但可以有一些无伤大雅的个人性格和癖好，偶尔粗鄙一下，情色一下，反而更受欢迎。他站在众人垒起的金字塔的顶端，充当一个被宠爱的对象。韩寒其实是10年代中国年轻人的代表：有一点愤世嫉俗但不走极端，生活有多元化的目标，以嘲讽作为批判社会、批判生活的武器，只不过，他比他的同龄人更敢于逼近底线，也更善于戏弄那些底线。

韩寒固然拥有影响力，但这种力量其实是来自千千万万支持、力挺韩寒的人，这让任何想限制韩寒说话或打压韩寒言论的人都有所顾忌。所以不奇怪，即便是高官，即便是作协主席，都不得不对韩寒作出适当的恭维。韩寒语录式的发言，虽然不够深刻、不够系统、不够独创，但在信息成为一种主要的大众消费产品的10年代，这种火暴、调侃又极其草根立场的发言拥有很大的气场。所以对于陈文茜，韩寒只需摆出“不和女生争辩”的高姿态，韩粉军团（其中不乏教授、作家）自然会去修理这个天不怕地不怕韩不怕的陈文茜。

陈文茜曾经的英雄梦

关于陈文茜批韩，还有两个相关问题可以讨论一下。

一个是陈与韩对世界历史、中国当代史以及中国模式的认知有较大差距。在陈那里，或许是年齿较长，在中国台湾、美国及中国大陆均有阅历，对“东方”、“西方”这组概念及其相互关系有较深的体验，对“东方超越西方”这种饱含历史沧桑感的议题有较多的体认（参见陈文茜《活在西方中心结束的年代》）。当台湾上世纪80年代反国民党一党体制的社会运动已完成其历史使命，反西方霸权、反西方中心主义（陈留学美国时也曾被这种左翼潮流所吸引）在陈文茜那里渐成新的政治心结。但这一点在倚赖西方的台湾较难得到共鸣，这时崛起的大陆成了陈文茜政治新论述的论据。

李敖曾自认是“大陆型知识分子”，这句话或许也启发了陈文茜。她曾说：“其实人生处境最怕格局很小。”过去她借以摆脱人生格局小的办法是参加具有宏大命题的政治运动，现在她的办法则是和民族复兴这些宏大符号联系在一起。台式民主所造成的政治恶斗和经济停滞，让最怕人生格局小的陈文茜不免愤怒和着急。对于台式民主，她用一句“太可惜”之叹，来回应大陆人乃至香港人对台式民主的艳羡。而中华民族、中国模式，成为她人生动力的新源泉，所以她才会去写《这一生一定要去上海世博》。

反观韩寒所代言的群体，乃是大陆那些被高生活成本所压迫、对公权力霸权又无可奈何的白领与普通市民。身为上海市民，韩寒对于外来工和本地市民为城市的表面繁华光鲜所付出的代价，比陈文茜也更有体会。因此，韩寒的论述不关心世界历史，也不关心中国的百年史，只关心当下和身边的贫富悬殊、正义缺位。

另一个问题，是英雄渐老的心态问题。李敖说如果要问他崇拜谁，他就去照镜子。陈文茜大约也爱照镜子（她的出场装扮总是丰丽精致）。但是，当年纪不可避免地大了时，她说：“我看着镜子想，是我看老了江湖，还是江湖看老了我？”她的江湖、她的人，都不可避免地要渐老，但韩寒的江湖、韩寒本人，还正年轻。可是有志于反体制的两代人之间，本应惺惺相惜，为何相轻如此？下意识中，陈会不会把自己年轻时的境遇与韩寒的境遇作比较？陈年轻时所做的事情更激烈也更有坐牢、牺牲的危险，而韩寒只是“轻松”地讥评一下时政便暴得大名，乃至被网民们推举到《时代》“全球最具影响力100人”名单中，这让年轻时经历过更险风浪的革命老前辈陈文茜会不会有点不以为然？

陈文茜年轻时，骨子里是有英雄梦的。她的英雄梦是加里波第式的，年少时她曾想仿效加里波第率千人解放祖国的英雄故事，对于韩寒这种善于保护自己的、战壕式的、放冷枪的战法自然没有兴趣。她曾说：“千人随从是我小时候最陶醉的故事，长大后逐渐发现，人生这些事情往往只是机缘或意外，多数时刻我们被命定的历史结构所掳获。我不是英雄，不只没有亚历山大杀牛的天分，没有项羽狂啸的嗓门，更重要的，毫无千人随从的运气。”真是时不我与，不过不失为英雄之叹。但黄浦江畔的豪华排场能为这种英雄气续气几分？

从陈文茜的言论来看，她对她年轻时的革命热情、峥嵘岁月不无眷念，但她同时也说：“但现在，我不会再做这样的事情了。只有年轻人才能当革命者。”看来，陈文茜想对韩寒说的话，其实不止香港书展上的那些，而韩寒对于文茜阿姨，也不能仅仅把她当“女生”，她年轻时的许多言论行藏，也值得韩寒在赛车、博客、女生之余，细细思量。

[2010年8月8日]

围观“开学第一课”

◎庄礼伟

自2008年起每年秋季新学年开学之际，由教育部和中央电视台联合举办的大型公益节目《开学第一课》都会在中央电视台播出。每年教育部都会提前作出部署，要求全国2.2亿中小学生集中组织收看这一节目。除了老师要陪同观看，甚至学生家长也被希望如有时间也可一起观看。这个“开学第一课”的收视人数可能已经创了世界第一、人类历史第一，“电幕”的收视盛况和它相比只能算小儿科。

2010年央视“开学第一课”在长城上开讲。一名主持人对今年课程主题“我的梦，中国梦”作了简要解释：“我的梦是中国梦，中国的梦是我们的梦。”她说完后，估计小同学们都不敢随便做梦和说出自己的梦了——要是和“中国梦”不符合该怎么办啊？

另一名主持人接着解释了为什么要在长城上上课：“今天有一个同学告诉我，长城见证了我们几千年的梦想，我相信每一块长城的砖，都记录着我们每一个中国人的故事，所以在这里特别适合分享我们的中国梦。”这段话不知为何，竟听来有点诡异，寒气森森。按民间的说法，2000多年前，秦朝建万里长城时，孟姜女哭倒长城，发现她丈夫的遗骸，竟然就是被砌在长城的砖墙里。

这名主持人接着问世博会小歌星豆豆：海宝的梦想是什么?

豆豆：海宝的梦想就是城市让生活更美好（标准答案，世博会的植入广告）。

主持人再问：你的梦想是什么?

豆豆：我的梦想就是到月球上唱歌（呃，这个答案，同样寒气森森……）。

这个史上最牛的“第一课”，就是在这样一个言不由衷的诡异氛围中开场。而令小同学们最不爽的是，不仅必须把节目看完，还必须写一篇读后感，少则六七百字，高年级则多达2500字。然后还要开主题班会，每一个人都要发言，并且要把那些明星讲的故事和个人愿望、祖国发展联系起来。2.2亿篇心得体会，好大的一个梦想啊！而且，还要用掉至少2.2亿张纸。

我看到有不少小同学在网上焦急地到处问有没有范文可抄，有一个小同学的留言是：“老师真缺德。”这个小同学这样讲当然是太过分了。老师对学生哪会有什么恶意? 他们只是在传达上意罢了。看来即便是大牌明星群集来上课，还是有不少小同学以抄袭范文这种很不规矩的态度来拒绝做梦，或者说，拒绝集体做梦。在他们这样涉世未深的年纪，谁会没有梦? 但2.2亿人在同一个电视节目指导下在同一个时间段里集体赶做同一个梦……这，真的也够寒气森森的。

这些年，“梦想”是电视节目中的一个热门词，看来有关部门很有兴趣鼓励大家多多做梦。其实做梦没什么不好，做梦是人的权利，圆梦是人生的目标。特别是少年儿童，他们都有许多简单、天真、自由的梦。罗大佑的《童年》写了孩子们许多的白日梦：盼望着下课，盼望着放学，盼望着玩游戏时间的到来；希望口袋里能有半毛钱，可以到福利社里去挥霍一通；希望隔壁班上的那个女孩经过教室窗前；希望能在山里面看到神仙；希望快点长大，可以像高年级同学那样酷……但现在看来，这些梦想都是典型的“三俗”，并且可能已经在少年儿童中泛滥成灾了，所以必须对孩子们的梦想进行统一规训，让他们在“中国梦”的指导下来做“我的梦”。

其实，“我的梦”早已是中小学里常见的命题作文题目，让小同学们公开地“说梦”，是要他们表达自己的愿望。至于这个愿望该怎么写，老师早已指导过了。我看了一些这样的梦想作文或梦想征文，看到许多的“我的梦”和“我的愿望”最后都能很规矩地升华到宏大叙事层面，语气铿锵地和“中国梦”紧紧结合在一起。在这些文本中，我没有看到有小同学说自己的梦想就是希望物价能够降下来，让打工的父母不那么辛苦——当然，可能是我浏览得太少了，许许多多有孝心的平民子弟一定会做这样的梦。平民子弟们的梦想很真实、很低微、很不宏大、很不“中国梦”：一个新书包，能在假期打工赚到几十元钱交给学校，希望某些老师不那么势利地对待富学生和穷学生，希望自己的教室能像电视节目里的教室那么好……

在这里，我想讲一个中学生的现实人生和他的梦想，他的梦想就是希望学校领导能帮助他解决在校内住宿的问题。据媒体报道，7 年前，广东某中学高一学生陈森，秋季开学后向副校长太太送了一袋水晶梨和400元钱（这钱是他的生活费），希望副校长帮忙解决在校内住宿的问题（他是择校生，按学校规定不能在校住宿，可他家离学校有20公里）。但不知为何，副校长太太居然忘了这回事，这个学生的住宿问题一直没有得到解决。送礼后的第二年这名学生去找副校长太太，追问收了礼为何不给办事，副校长太太说不知道有这回事，双方发生争执，学生杀死了副校长太太，7年后他被抓获时，是一名底层打工人员。他曾经是一个热爱学习的学生，他希望能在校住宿，这样可以更好地学习，以便考上大学。他的卑微的梦想就是——收了礼就应该办事。

这个卑微的甚至不合法的梦想，并不是所有的中小学生都能体会的。不同阶层的子弟，随着年岁的渐长和现实对他们的潜移默化，他们的梦想会越来越不相同。同一片国土上不同的梦想显现出我们社会一级级的层级落差。当财富、官位出现世袭现象时，平民子弟想获得向上流动的机会，也许就真的只能做做梦了。

［2010年9月19日］

赵作海案程序何以出现不正义

◎邵建

赵作海案真相大白后，媒体用“河南省将立案追查赵作海案责任人”这样的题目报道。报道说：“商丘市随即召开了由公、检、法相关人员参加的联席会议，提出以下要求”，其中最后一条是“商丘市检察院要组织专门力量，对案件进行评查，重点评查原办案人员有无违法违纪、失职渎职行为，根据调查结果，严肃追究有关人员责任”。

希望媒体对这一条有后续报道，相信舆论对此会有强烈的关注。但对责任的追究，并不能仅仅到此为止。因为检察院两次退回案件，理由是此案有重大缺陷，不具备起诉条件。而且检方对警方的刑讯逼供也完全清楚，比如检方现在后悔：“我们检察院最大的错误，就是没有坚持自己的意见。”那么，检方为什么没有坚持自己的意见，答案显然，它没有这个力量，因为是当年政法委开会决定起诉。在权力架构上，检察院必须服从这一决定。因此，就该案而言，检方当时如能按自己的意志行事，这个冤案就不会发生。

我们不能忽略那次会议和该案之间的因果（卷宗俱在，当不难知道当时是谁主导，又是谁拍板），但更重要的是，在追究具体责任人责任的同时，不能忽略体制本身的某些缺陷。

法律体现正义，但法律靠什么体现正义，这是一个问题。答案其实十分清楚，法律的正义是也只能是程序正义，此即，如果没有程序，正义便不足以彰显。那么，进一步的问题是，我们的法律难道没有程序吗？一个案件办理下来，公、检、法各司其职、各有分工，这不是程序是什么？然而，现实情况是，我们分明有程序，就像我们有法律；但不一定会看见正义，从佘祥林到赵作海之类的冤案就是例子。

程序为什么不正义？这里牵涉的便是程序与权力之间的关系。古人云："徒法不能以自行"，即使是真正的法治国家，也必须靠执法的人和司法的人，运作法律，法律才能活起来。但，世间万物，人是靠不住的，尤其是握有权力的人，包括那些权力意义上的执法者和司法者。由此，法律才需要设置一个程序，这个程序首先不是用来对付犯罪嫌疑人，而是对付处在法律程序各个环节上的人。程序的意义在于，不能让程序的各个环节成为某种权力的直通车；相反，必须让各个环节上的权力，形成彼此间的抗衡机制。这样的程序才符合程序设置的本意，即制约权力。这是法治国家的通例，检方有权对公安的案件构成否定，法官有权对检方的起诉构成否定。只有在程序中让各种权力各有担当，又各自负责（这种负责意味着后者对前者可以形成必要的否定），程序正义才能逐步成形。

针对赵案，媒体的追问很有力度：公、检、法三家为何一错再错？原因很明显，公安错了，检方没有权力纠错；检方错了，法院亦没有足够权力判错。于是，起点错了，后面又缺乏可以改错的抗辩程序，所以只能从开始执法就一错再错，一错到底。可惜权力往往掌握在执法那里，而且凌驾于程序之上。这是本土法治状况中最常见的程序，和程序正义相当隔膜。程序正义的要求是权力不能在程序之上，只能在程序之中；而且程序之中的权力，不能是一种权力，必须是彼此切割且不能互相支配的三种权力。如果没有这些原则作为程序的必要条件，程序固然是程序，但却很难产生程序正义。

对正义来说，程序与权力的关系，是权力服从程序，而非程序服从权力。毕竟依法治国的本义是权力依法治国，而非权力以法治国。如果法治是通过程序得以体现，那么程序之上就不应该有任何权力。这几乎是一种必然，程序之上的权力很容易把程序当作执行自我意志的工具。饶有意味的是，这次为了纠错赵案，商丘市召开的是由公、检、法三方参加的联席会议；殊不知，当年正是同样性质的会议，形成了本来可以不形成的赵案。我的意思是，即使权力架构难以即刻进行结构性的改革，程序之上的权力在改革上依然可以有所作为。只不过，这里的有所作为恰恰是传统道家提倡的“无为”或“不作为”。显然，这里的不作为在意义上不是消极的，而是积极的，其积极意义正在于它是为了让程序中的各种权力充分作为。这显然也是一种改革，而且是渐进式的，望识者明察。

［2010年5月13日］

有前科的人也是公民

◎邵建

甘肃兰州一名网友，每次到网吧刷二代身份证上网，半个小时内都会有警察赶到网吧对他进行盘查，因为他是“两劳”释放人员。兰州警方对此解释，有“犯罪记录”的人在使用二代身份证上网时警方会收到提示，并赶往盘查。警方还称，这种盘查不会取消。不独兰州如此，广州一名有过吸毒史的市民也致电报社，诉说他的类似遭遇，上网、住店、买票……只要用到身份证，警方系统就会自动报警，警察就会赶到，然后他被带到派出所询问，半年多已经十几次了。

看来这不是某一地的问题，它是否通行全国，不得而知。但有一点可以肯定，这样的举措说轻不妥，说重违法。就后者言，它非法限制了公民的人身自由并侵犯了公民的人格尊严。上述兰州网友，和我一样，也是国家公民。如果我无法想象我在正常使用身份证时可以招来警察，我就无法接受这两名和我一样身份的人只要一用身份证就招致警察盘问。当然，世上没有相同的两片树叶，我没有兰州网友的“两劳”（这个词本身就不法治，尤其是劳教）经历。但，服刑只是他人生中的一段经历，当他完成刑役，其身份和我们所有的人毫无二致。谁都没有权力因为他服过刑，就将他打入另册，永久或长久让他接受警方监控。

只有一个理由可以为警方提供该举措的辩护：既为罪犯便是我们这个社会的敌人。但敌人不是一个法律概念而是政治概念，按照我们过去的传统，一小撮阶级敌人只许它老老实实，不许它乱说乱动。不但警察可以监控，人人都有责任监视他们的一举一动，并随时检举揭发。今天，兰州等地的警察类似于把（曾经的）罪犯视为（永久的）敌人；然而，这样的举措明显有违我们正在追求的政治文明和法治文明。

一个政治文明的社会，没有敌人这一说，除了外族入侵。这样的国家是全民国家，只要一出生，人人都是公民，除了自然身份上的公民，年满18岁，还是政治身份上的公民。和公民对应的概念是罪犯，即公民如若触犯刑事而被判刑，他不但被取消人身自由，而且同时被剥夺相应的公民权利，以此作为他犯罪的惩罚。但这种惩罚不是永久性的，它随着刑期届满而自动取消。因此，当一个刑满释放人员重返社会时，他便再次获得公民身份。宪法像保障他人一样也保障他的人身自由和人格尊严。兰州那名网友，既已满刑，就已经获得自由身，警察对他的盘查，正如同对我们每一个人的盘查。这样的盘查，于法无据，有“有罪推定”之嫌，更重要的是该行径直接抵触了宪法法典。这时警方抬出任何理由比如维护治安等都无用，执法者必须依法执法而不能违法执法，这样才能使我们的社会臻于法治文明。

和“公民/罪犯”对应的范畴是“人民/敌人”，这是一个二元对立的社会，人民之外，便是敌人。既然是敌人，永久都摆脱不了霍桑笔下那个罪恶的“红字”，永世不得翻身，还可以再踏上一只脚。这样的语言我们都很熟悉，但这样的社会不是法治社会。然而，如果我们没有法治社会的保障，人人都没有安全感，我们不知道什么时候就可能变成了敌人。因为罪犯是法定的，敌人是随定的，它有太大的主观性。今年7月《南都周刊》报道“房产局前副局长日记曝光强拆手段”，其中记录一个副区长的会议讲话：“对待上京上访人员，请公安按敌对势力办。”上访本是公民权利，但某些公权者为了让警察阻止，一句话就把他们打成敌对势力。既如此，针对敌对势力的举措也就没有法律顾忌。比如，不久前《河南商报》披露，某市民被列为“高危上访人员”，每次使用二代身份证都会被警察赶到盘查，以致无论“去网吧上网、去宾馆住宿、到银行柜台取钱等，凡是需要身份证上网登记的地方，他都不敢去”。由此可见，有了敌人或敌对势力这一惯性思维或借口，公民各种正当权利便形同沦陷。

罪犯不是敌人，或，公民社会无敌人，这是国家法治化的一项基本要求。落实到这里，应当立即将所谓“前科记录”从公民身份证的芯片中抹除。因为身份证是公民身份证，不是良民证，有前科的人也是公民。

［2010年10月13日］

传统节日的延续离不开信仰

◎葛剑雄

国家将包括端午节在内的传统节日列为法定假日已两年了，传统节日比以往更受重视，活动内容日趋丰富，对年轻人也更有吸引力。但我们不得不承认，对大多数国人来说，只是多了一天假期，因此而增加的商机和旅游往往与这个节日的主题无关。也就是说，仅仅靠法定假日并不能使传统节日真正得到延续。

改革开放以来，圣诞节一类西方节日、外国节日在中国日渐流行。与此同时，中国的传统节日越来越不受重视，虽有政府大力维持，民间有识之士大声疾呼，但似乎难挽狂澜，有些洋节甚至有取代传统节日之势。

为什么西方国家现代化程度远高于中国，物质生活与那些节日产生和流行的当年已不可同日而语，却能使某些传统节日长盛不衰，而中国刚由农业社会进入工业社会，才跨进现代化的门槛，大多数传统节日却已式微，甚至已经名存实亡，青年一代已相当冷漠？

我认为，根本的原因还在于这些节日失去了信仰的支撑。

节日无非有几种类型：宗教或信仰性的、政治性的、世俗性或物质性的。尽管各种节庆的方式大同小异，但因其基础不同，流行的范围与延续的时间也迥然相异。政治性的节日最脆弱，因为一旦政治标准改变或政权更迭，相应的节日就会被取消，甚至会成为新的禁忌。世俗性或物质性的节日依托于一定的群体与自然条件形成的社会和人文地理环境，这些条件一旦改变，节日也不易维持，或者不得不改变其形式和内容，以致逐渐消亡。唯有宗教或信仰性的节日最为稳定，只要这种宗教或信仰还存在，只要有信众，那么万变不离其宗，无论形式发生什么变化，核心内容不会改变。

西方或外国还在流行并扩张的节日大多属宗教或信仰类的，而中国的传统节日或者本来就不属宗教或信仰性的，或者已失去了宗教或信仰的基础。

中国的传统节日新年本来是一个集政治、信仰、世俗与物质于一体的节日，自然最重要，也能成为全民的节日。中国历来重视纪年，新年是一年的开始，自汉武帝后2000多年，也是皇帝每一纪年之始。新年的庆祝是对除旧布新、国泰民安、国运昌隆的祈求，要举行一系列重要活动，如元旦大朝会，各地上报户口、收成、治安等政绩，祭天、祭太庙等，新皇帝继位后一般也要到第一年新年才改年号，并大赦天下。中央到地方各级衙门节前要封印封门，停止办公，节后才开封上班。新年也是财政年度的开始，或者是以新年为统计标准的。民间最重要的是祭祖，因为处于秋收以后的农闲季节，这一次是最隆重最丰盛的。附带还要祭祀各种信仰的神灵，如城隍、土地、灶神等。其次才是合家团聚，以及物质享受和娱乐活动。那时，旅人游子急于在除夕前赶回故乡，最紧要的是祭祖。不得已在外过年的人，也必须遥祭祖先。

中华民国废旧历，传统新年改称春节，中华人民共和国沿用公历，春节的政治性已不复存在，国家要隆重庆祝的当然是1月1日元旦，而不是农历正月初一。一度指导全党全民的“元旦社论”，当然也是在公历元旦发表的。继续将正月初一称之为“过大年”，意味着元旦只是“小年”，只能是民间的自我安慰。辛亥革命以来，主流思想否定了民间传统，解放以后的政治运动将祭祖一类列为封建迷信，是每次移风易俗或革命造反的对象，一度荡然无存。剩下的只是家人团聚和吃喝玩乐，而随着生活的改善，平时都能吃喝玩乐，过年已没有什么吸引力。一旦外出务工者在城市定居，加上信息的发达和高速交通的普及，合家团聚也将失去魅力。

日本和韩国古代都采用中国的农历，新年也曾是最重大的节日。日本在改用公历后干脆将“旧历年”的活动全部搬到公历年，时间变了，内容却完全没有变。皇室与政府同样举行各种典礼与活动，神庙僧人也保留全部仪式，民间同样除尘迎新，吃团年面，午夜去神社祈福，因此并没有失去其重要性。韩国的“旧历年”失去了政治性，但民间的信仰不变，祭祖依然是头等大事。2001年我在南极乔治王岛韩国的世宗王考察站中，还见到韩国考察队员在过年时北向跪拜祭祖的照片。

有些节庆，看似仅有世俗性或物质性，但只有在与信仰结合时方能持续。如端午节，不少地方有挂菖蒲、熏艾草、涂雄黄等习俗。如果只认为是物质需求，那么在医学发达、环境卫生改善、居住条件优越的情况下完全可以废弃。如果将这些看成是人类向自然祈求庇佑，与诸神和谐共处，则任何药物、再清洁卫生的环境也无法替代。就拿端午节吃粽子来说，如果将粽子当成食品，自然不会为所有人喜爱，今天比粽子更受欢迎的食品不知有多少。但我们儿时吃粽子时，听到的是对屈原的称颂，知道当初将粽子投江是为了保护屈原的遗体。所以即使家里再穷，也会包几个白米粽。

因此传承中国传统节日最根本的保证，是将节日与信仰结合起来，以信仰为基础。问题是传统的信仰已不完全适应现代社会的需要，鬼神吓唬不了无神论者，唯物论者对心灵的祈求会无动于衷。这就需要寻求新的信仰，也需要将传统文化中还有积极意义的信仰赋予新的内容，给予新的解释，使之发扬光大。还要鼓励宗教与民间信仰中对社会有积极作用的活动，允许其中无害的活动。这样才能延续一部分传统节日，创造新的有生命力的节日。

通过节日传播或巩固的信仰必须通过一系列的仪式、程序和活动，而不是专家学者的坐而论道，或者政府部门的强力推行。这就需要对传统的节庆活动推陈出新，采用新的内容和形式，使广大民众特别是青少年乐于参与。

至于今天的确已经无法延续的节日信仰，可以作为一种文化遗产保存和记录，作为一种历史记忆。也可以适度开发和利用，用于民俗展示，当作旅游资源。

[2010年6月17日]

从唐骏学历门看文凭的公款消费

◎斯伟江

当唐骏报出美国西太平洋大学（Pacific Western University）名字的时候，方舟子和唐骏就这一学历造假事件 PK，在笔者看来已尘埃落定。第一回合，唐骏完败。毕竟，唐骏出版的《我的成功可以复制》第一版，第二章第 56 节最后一段白纸黑字写道："办到第二家公司，我差不多已放弃了学业。但凭借语音识别方面的应用性研究成果，我最后还是拿到了加州理工学院的计算机科学博士学位。"之后，方舟子又扒出唐骏在央视《咏乐汇》节目中自称拿了电脑学的博士。至于什么大头贴、卡拉 OK 专利、移民律师，估计都是打扫战场的问题，让人好不感叹，偌大一个成功学的偶像，这么几天就崩塌了，犹如张悟本老师，这时代，造神不易，毁神秒杀。互联网才是真正的大师，当唐骏报出美国西太平洋大学名称没多久，方舟子马上发现了新证据，即 2004 年美国国家审计署（United States General Accounting Office）专门调查官在美国参议院所作的证言，证言第 3、4 页正好以唐骏母校西太平洋大学为例，指出这些文凭作坊（Diplom Am Ills）以固定价格销售文凭，无须上课，其中唐博士的博士文凭为 2595 美元，折合现在人民币一万七八千元，够有市场竞争力。本科学位

2295 美元，硕士学位 2395 美元，唐骏咬咬牙买了一个最贵的，也满足了其自传中所称——遗憾没拿日本的博士学位，故以美国博士来补偿。不过，据方舟子查证，唐骏作为盛大公司高管，盛大在纳斯达克上市时，居然也还报了日本名古屋大学博士的头衔。

媒体继续扒粪，发现这个文凭作坊美国西太平洋大学的学生中，有大量的中国学生，其任职遍及监察部、国有公司、公安局、税务局、司法局、民政局、民航局、卫生部、检察院、版权局、最高法院、专利局、工商局和中央电视台。现在没有证据来发现，到底是国家支付了这些博士学位的钱，还是私人出的钱。然而，这正是本文想问的。

方舟子查到的美国审计署报告，其目的不是为了查处这些文凭作坊，这种中国人俗称的野鸡大学，只要不涉及欺骗消费者，一个愿买，一个愿卖，犹如钱钟书小说中的克莱登大学，方鸿渐买一个文凭唬唬乡下人，谈不上很大危害。美国审计署是为了美国联邦政府的利益，才明察暗访。这个证言书面名称叫《联邦雇员从文凭作坊和其他未经认证的学校获取学位，部分花费却由联邦政府承担》，就是查查政府的钱有没有乱花。

美国法律规定，联邦政府如要承担雇员学院学位训练，这所学院或大学必须经过资格认证，没有经过认证的大学的钱不能由政府承担。法律规定要是没有具体执行措施，法律基本上就是白条。而美国审计署恰恰是执法很严。他们花了半年时间，对此进行了调查，其中包括请一些调查人员，以学生的名义给文凭作坊打电话，结果就可想而知了。审计署还要求部分联邦政府部门，提供一些高级官员、职员自己申报的学历，并与部分官员进行面谈。证言表明，美国联邦政府部门中不少高级位置的官员，文凭来自文凭作坊（野鸡大学）或者未经认证的学校，而联邦政府的钱却付给这种学校了。这说明，花钱买野鸡文凭，不算中国特产，有人的地方就有山寨。

我国有查处假文凭的法律，但是，对这种真实的野鸡文凭，却没有什么法律规范，更不用说在法律层面规制官员公费读洋书。即使有，也是一些内部文件，外人很少能查到。唐骏，一介平民，最牛也无非是一个成功的职业经理人，吹点牛，不道歉，无非是私德问题，不打紧。重要的是，如果让国家掏钱去外国买洋野鸡大学文凭，又在政府高位就职，甚至拿这些野鸡文凭作为上阶梯的敲门砖，以克莱登大学文凭证明自己“懂洋务”，有人甚至连英文都不会，岂非纳税人的悲哀？也算让世人开了眼界。

一个唐骏牵出的美国西太平洋大学就扯出上面几十个政府部门和国有企业的官员。在只问成功不问手段的成功学风气下，唐骏复制品恐怕不会少，美国克莱登大学中中国学生的人数庞大可想而知，唯一不清楚的是，多少花的是中国纳税人的钱？在教育产业化、文凭泛滥、博士大跃进的当下，笔者还想再问一句，中国本身的野鸡大学中，中国官员、国有企业管理层，花钱买文凭的又有多少？再加一句，中国自己的正规大学中，国家付费拿文凭的有多少？后者，即使合法（如国家税务局就有类似规定），公众至少该有知情权。按理说，国家审计署要查出类似花费并不难，只不过由于审计署设置在政府之下，政府部门查政府部门乱花钱，同属一个“毕姥爷”管，审计的功用非常有限。而美国审计署，是美国国会设立以查政府（行政机构）乱花钱的。或许，这才是值得借鉴的地方。

[2010年7月8日]

安元鼎的四只脚

◎斯伟江

用上海话夸别人好时，有一个词叫“一只鼎”。而北京安元鼎保安公司或许正是地方政府眼中的一只鼎。据报道，北京安元鼎的主业为关押、押送到北京上访的民众。这家成立时间短却发展迅猛的保安公司据信已在北京设立多处“黑监狱”，向地方政府收取佣金，以限制上访者自由并押送返乡，甚至以暴力手段对待上访者。一只鼎，起码三只脚才能稳定，而京城第一保安公司安元鼎，恐怕不止三只脚。

首先，一切都必须从市场开始，有需求才有供应。有了地方政府的截访需求，才有安元鼎公司的新业务。笔者虽也是法律圈内人，却对截访的产生比较费解。按理说，根据《信访条例》的规定，任何公民都有权上访，公民信访只要不违法，任何人无权干涉。即使公民越级上访，《信访条例》也没有规定地方政府可以截访。对于信访人员违法犯罪的，按照相关法律处理，也即，如果在北京有违法犯罪行为的，只有北京警方有权处理。而只是滞留在北京上访的，并不算违法。那么地方政府截访的权力来自哪里呢？答案只能是：默许。

因此，安元鼎的第一只脚是地方政府。即使如前所分析，截访是地方政府的行政任务之一，虽然不是正规的行政权力，却也是默许的行政权力。比照《行政处罚法》第十八、十九条的规定，必须是法律、规则规定可以委托给他人，才可以委托，而且接受委托的单位必须是依法成立的管理公共事务的事业组织。截访本来属于非法，地方政府的委托显然没有法律依据，而安元鼎公司也不是什么管理公共事务的事业组织。或许本来就是默许的非法行为，再来一次非法委托也不会改变截访的法律飞地性质。而且，地方政府的预算中都有一块安定团结支出，这个支出本来就是糊涂账，现通过委托合同，支持转化成安元鼎公司的服务收入，倒似有发票可入账，简直可以来一个阳光财政。

安元鼎的第二只脚是地方司法系统的不力。照理说，司法制度才是明辨是非、定纷止争的正常渠道，然而，地方司法机构由于弊病百出，制造出很多冤假错案，据报道，上访的多数是针对司法不公的，毕竟，理论上大部分行为都是可诉的，即使是拆迁纠纷。而地方司法机关的自我纠错能力也是非常薄弱的。现在很难通过正常的申请再审或者申诉程序来纠正错案。当然，板子全部打在地方司法机关也是不公的，毕竟，机构设置本来就受地方政府影响极大，因此，板子似乎又打回到了地方政府身上，但是，毕竟宪法、法律规定是独立审判，有法必依的，因此，这只鼎脚名义上也当记在地方司法机关名下。

安元鼎的第三只脚，显然是地方公安机关。宪法、法律都规定，非经法定程序不能剥夺人身自由，然而，安元鼎私设监狱，恐怕不是什么秘密。警察不管，法院显然更不会受理。众所周知，保安公司是特许行业，国务院《保安服务条例》规定，县级以上地方人民政府公安机关负责本行政区域内保安服务活动的监督管理工作。这只鼎脚恐怕是很粗的。

安元鼎，这只鼎最大的支撑腿，其实应该是这个运作过程中所有人的人心，所涉各方都不对宪法、法律负责，只对话事人负责。这些地方政府官员难道不知道羁押人需要公安机关负责？保安公司的人难道真不知道打人违法？警方难道不知道私设监狱有罪？面对访民求教，难道真没有恻隐之心？然而，一切都可以归结为，不对法律负责。人心之所以如此，是因为这些不对法律负责的行为没有受到法律的惩罚，当有法必依、执法必严只存在于墙上宣传时，安元鼎之类在首都公然进行非法活动的公司恐怕难以绝迹。即使安元鼎公司绝迹了，地方政府的截访方式，仍将有所创新。

[2010年9月25日]

一个司法判决如何影响社会？

◎斯伟江

老人摔倒，路人围观，无人伸手，老人死亡。这不是一个偶然案子，而是在我国经常会发生的社会新闻，说起原因，很多人会归咎于南京鼓楼区法院判决的彭宇案。彭宇案的一审判决是，“法院认为本次事故双方均无过错。按照公平的原则，当事人对受害人的损失应当给予适当补偿。因此，判决彭宇给付受害人损失的40%，共45876.6元”。二审判决虽然和解结案，但是彭宇终究还是掏出了真金白银进行赔偿。

这个案子本身不复杂，由于证据不足，开庭三次，实际上，按照我国《民事诉讼法》，如果证据不足，就应该直接判决原告（老太太）败诉，无须进行诛心之推论。一审法官推理：“从常理上分析，其（彭宇）与原告相撞的可能性较大，如被告是见义勇为做好事，更符合实际的做法应是抓住撞倒原告的人，而不是仅仅好心相扶。如被告是做好事，根据社会情理，在原告家人到达后，其完全可以在言明事实经过并让原告家人将原告送往医院，然后自行离开，但被告未作此等选择，其行为显然与情理相悖”。这和上海钓鱼执法时执法人员说“他胃痛关你什么事？”的推论，完全相同。

心理学家会说这是一种性恶论的推断，社会学家会分析这是社会本身道德水准下降，而笔者认为，最直接的原因，仍是法官的素质和司法和稀泥的传统导致。

理论上，只有判例法的国家才会有这种事情，毕竟人家的判例中总结出来的原则实际上就是法律。而彭宇案不是判例，对其他法院没有约束力，恰恰对民众产生了制约力。中国有句俗话，多一事不如少一事。何况，现在的医疗费是天价。中国又没有足够的医疗保险，一旦靠上一个麻烦，等于又认了一个妈。养儿防老，演变为撞你防老。

彭宇案的法官在判决时，肯定是没有注意到所有的判决，都有一个社会政策的考量。当下很多法官都只会注意到解决纠纷，案结事了，而不会考虑在这个传播广泛的时代，一个判决会导致社会上的恐慌情绪。在法治国家，由于法官素质都比较高，不管如德国是考试制度、逐级选拔法官，还是美国，从成功的律师、下级法院选拔法官，都保证一个国家正义的最后一道闸门，由靠谱的法官来掌握。而我国，由于历史原因，1954 年司法改革时，就革除了所有旧体制的推事们，补充进去政治可靠的妇联干部、工厂干部，这种传统一直延续到 2001 年全国统一司法资格考试出台，才逐渐阻止了没有通过考试的人担任法官职位。然而，历史遗留的不胜任的法官，仍有大把在任。

其次，对法官有强烈影响的领导喜欢和稀泥而不喜欢是非分明。彭宇案二审的掌控权不再在法官手中，而是很高级别的领导对此很重视，要求法院妥善解决此案，因此，才会出现和解结案，双方三缄其口。按法律规定，调解应该在是非分明的基础上进行，而如今的大调解，基本没有按照这个法律执行，现在无论任何案件都要先调解，能多调解结案的，才能当上先进法官，甚至强调法官一定要有多少比例的案件是调解结案的。这种只问结果，不管是非的做法，无疑会进一步损减法律的规则性和指导性。因此，中国的法官即使是精英，也无法自由地通过判决确定合理规则。

自从 2004 年《宪法修正案》将依法治国写入我国《宪法》以来，我国全国人大、地方人大等制定了大量的法律，很多法律规定都很不错。但是，徒法不能自行。法官才是活着的法律。当法律碰到南京彭宇案法官这种歪嘴和尚时，不能不说是法律的悲哀。如要改变这种状况，在个案上，应当依法撤销彭宇案，然而，根据《民事诉讼法》，彭宇案很难被撤销。除非彭宇提出，且认为其接受和解非自愿等。因此，只能期待其他法院能判出一个“新彭宇案”，或者最高人民法院出台一个相关的司法解释，改变这个可怕的规则，规定凡是涉及类似案件时，被救一方必须有充足的证据证明救助人就是侵权人，才能让救助人（侵权人）赔钱，而且要严格限制无过错也要赔钱的公平原则的适用。就整体制度而言，不改变法官群体的素质，不赋予精英法官以自由，类似彭宇案这种雷人又累人的案子，将不会断绝。

救人可能赔钱是所有普通人会面临的风险，光靠道德劝解效果极为有限。要提升社会道德，不妨先从提升司法素质做起！

［2010 年 12 月 31 日］

世界杯国际政治：回顾与前瞻

◎沈旭晖

为期一个月的世界杯决赛终于结束，无论比赛结果是否尽如人意，从国际政治角度，我们不妨作出下列三点的回顾与前瞻：

一、不少政府对球队表现差都高调以政治姿态介入，例如尼日利亚一度表示要禁止国家队在未来两年参加比赛，后来BBC也揭发尼日利亚可能“打假球”的丑闻。法国总统萨科齐则放下重重内外问题接见卷入球队内讧的球星亨利，如何减少球队内部裂痕也成了意大利、英格兰、阿根廷、巴西等国政坛人士的关注内容。由此可见，疑似造球或“更衣室政治”不但已全面影响球赛，其严重性还到了政客不得不正视的程度。针对前者，相信各国政府早晚会联手整顿国际赌博集团，起码希望将之纳入地下经济的监管；日本政府目前针对国粹相扑被黑社会操控的严打态度，可作为参考。针对后者，各国足协的人事任命将难免越来越政治化，因为调解力和亲和力，可能比技术层面的执教能力更重要。这些姿态，反映国际足协强调所谓“政治足球分家”的传统备受挑战，而事实上，舆论对国际足协本身的高度政治角色乃至牟取暴利的行为，早就越来越不满。

二、除了政府直接参与足球政治，连国际足协本身，在全球化时代，也变成了一个具有政治决策能力、足以产生大量经济产业的“非国家个体”。在这个非国家个体统治下，其主要员工——裁判——的“误判”每届都会发生，但随着科技高度发达，加上足球被赌博全面渗透，“误判”再难被观众容忍。舆论对国际足协拒绝引入鹰眼，普遍不相信是基于“维持足球纯洁性”这个官方原因，不是说国际足协食古不化，就是干脆从“方便造球”的阴谋论角度演绎。加上国际足协和各国足协关系千丝万缕，与不少洲际足协或国家足协的头面人物存在疑似利益输送，各国球员也有不少因为打算在足协“从政”，而在球场内外有“奇怪”表现。因此，相信新生代以引进科技大改革为政纲、从而在政治层面推翻现有国际足协领导的剧情早晚出现，只是不知道将会和平演变、还是出现剧变而已。

三、在本届世界杯，各国“加盟球员”已变成常态，成员来自五湖四海，而并非与殖民时代有任何关联的“德意志联合国部队”就是典型例子，澳大利亚也是另一例子。各国球队不少主力长期生活在外，只是在世界杯前夕，才匆匆为入籍而入籍，例如攻入新西兰首球的后卫列特长期住在丹麦、巴拉圭前锋巴列奥斯根本是阿根廷人，对国家的忠诚度，很难说。这现象固然反映全球一体化乃大势所趋，但也反映出以国家为单位的世界杯将面对更大挑战。不排除有朝一日，国家队可以像球会那样，通过金钱变相吸纳各国人才加盟，而这种“外援模型”早已为巴林、卡塔尔等富有的西亚国家队应用，它被推而广之，也只是时间问题。

此外，还有大量足球政治议题可以通过本届世界杯阅读，例如非洲球队表现未如理想，反映了非洲足球的管理和纪律还有待进步，但相信非洲依然可得到比亚洲多的席位。这多少和非洲足协内部较团结有关，也和非洲足协与国际足协的关系有关。既然亚洲赛区不被重视，本届没有代表出线的西亚可能离心更大，东西亚的裂痕也会更严重，不排除有全面分家的一天……

这类蝴蝶效应延伸下去，可以带出数十个其他题目，有机会可以进一步分享。在四年后的巴西世界杯，恐怕章鱼保罗已寿终正寝，无缘见证上述特征如何变得更鲜明，但笔者希望届时再有机会，和大家分享足球与国际关系的互动。

［2010年7月14日］

土地换户籍是一宗公平交易么？

◎秋风

重庆启动了据说是史上最大规模的农转市改革计划。按照该计划，未来10年时间内，1000万重庆农民将有望变成市民。听起来令人兴奋。毕竟，全国大部分地方都坚持把农民拒绝在城市之外，不给予他们城市户籍。重庆的做法则似乎完全打开了城市之门。

不过，重庆如此大方是有条件的：农民必须交出土地。按照《重庆市人民政府关于统筹城乡户籍制度改革的意见》的规定，对农村居民整户转为城镇居民的，允许自转户之日起3年内继续保留承包地、宅基地及农房的收益权或使用权。在承包期内允许保留林权。鼓励转户居民退出农村土地承包经营权、宅基地使用权及农房。在中国，鼓励的意思一般都是必须。

还有一些地方也在进行农民转市民制度改革，背后都有这样一套交换法则：农民交出土地，换取城市户籍，从而可以享受城市居民的好处。这种好处，各地政府会有很多承诺。但唯一可信的是社会保障。至于就业，不管政府怎样承诺，事实最终证明也只是说说而已。因为，国有企业的规模可能确实在膨胀，但它们根本不具备创造就业岗位的能力。目前中国社会的就业岗位基本上为私人企业提供，对于私人企业，政府不可能作出硬性安排。

面对政府提出这样的交易机会，重庆的农民们会作出怎样的选择，我们无从知晓。但至少从理论上、从法理上，似乎可以提出一些商榷意见。

政府之所以向农民开出这样一个交易条件，是因为，政府认定，农民户籍转成市民户籍之后，就可以享受到与城市居民均等的公共服务与公共品。很多人也都依据这一点而呼吁，应当给予那些为城市作出了贡献的农民工、外来人口城市户籍。总之，大家都认为，市民身份附带着巨大的福利收入。

这既是户籍制度应当改革的理由，但也是构成户籍制度改革的阻力所在，同时，也成了户籍制度改革变成户籍的制度性买卖的起点：既然城市户籍是一笔收入，怎么能让农民白白地获得这样一大笔收入呢？农民在获得城市户籍的时候，交出土地，也就成为顺理成章的事情。当然是交给政府，由政府以低廉价格获得本属于农民的土地，拿这些土地来进行经营，获取土地财政。按照重庆市的设想，整个户籍改革需要投入的1200亿元资金中，相当一部分来自农民退出的宅基地、承包地，政府将通过整治流转获取收益，用以支付农民退地赔偿金及户籍制度改革的部分配套资金。同时，农民自己也要拿出部分补偿金来缴纳社保和医保费用。

这一套制度设计听起来完全合乎经济学的逻辑。但是，在政府设计的户籍交易过程中，农民究竟将会获得净收益，还是遭受净损失？难说。

乡村居民作为公民，本来就应当享受到与同一区域内城市居民大体均等的公共服务和公共品。这是现代国家维持自己生存的第一道德原则，也是现行宪法的基本原则。现行城乡户籍分割制度违背了这一原则。当然，它真正的错误不在于区分了农村户籍与城市户籍，而在于把不同户籍变成了不平等地分配权利和福利的法律与政治等级身份依据。按照这样的户籍制度，政府只对城市居民承担福利责任，对乡村居民基本上不承担这种责任。

这样，城乡居民所享受的福利之间形成了一个巨大落差，而且，除去少数几年例外，这个落差在过去 60 年中持续扩大。正是这样的制度让城市户籍具有巨大价值。但与其说是价值，不如说是政府对农民的公共服务和公共品欠账。现在，政府没有努力地去偿还这笔欠账，反而把这个户籍拿出来出售给已经遭遇过一次制度性剥夺的农民，让农民拿土地来交易。

也许，人们该跳出土地换户籍的经济学逻辑陷阱，而从保障和维护农民作为公民的主体性的政治平等角度、从增加农民选择的宪政经济学角度来考虑农民的市民权问题了。市民权就是公民权，公民权的本质是平等。一个人，不论是生活在城市，还是生活在乡村，只要在同一行政区域内，就理应获得大体均等的公共服务和公共品。这个区域内的城乡公共服务和公共品如果不均等，政府当推进这方面的均等化。政府承担这方面的义务是无条件的，居民不需要拿自己的什么东西与政府做买卖。面对公民，政府不应当是商人；面对政府，农民也不应当是乞讨者。

［2010 年 8 月 3 日］

征收必须是例外

◎秋风

人们对《征收条例》所抱的期望是约束地方政府侵害城市居民和农民权益之手，缓解社会冲突。而《征收条例》要收到这样的效果，就必须通过条文规定，通过制度设计，确保征收仅是一种例外。

这一点十分重要。长沙早就通过地方法规，把政府获得土地的方法从“拆迁”改成了“征收”。但在长沙，民众的土地流转之权益与其他地方一样脆弱，征收所引起的纷争、冲突，一点也不比其他地方少。

这是因为，政府与土地发生关系的基本制度框架没有发生变化，政府运用强制力进行征收，仍然是土地流转的基本形态。不管是政府改造旧城区，还是在乡村地区进行城镇化、工业化，土地的流转基本上是通过征收的方式进行的。而只要政府的强制力进入流转过程中，又缺乏必要约束，它就必然随时可能表现出暴力的一面。

从这个角度看，废除《拆迁条例》，制定《征收条例》，并不是一个简单的文字游戏，背后涉及的乃是土地流转形态的一个根本变化。

回顾一下“拆迁”一词的起源，就不难明白这一点。笔者印象中，上世纪80年代就有拆迁。当时基本经济制度的基本特征是一切要素归政府：干部工人是国家的终身雇员，政府负责解决干部工人的住房问题。房屋是单位分配的，因而也属于政府，所用土地也是国家的。当房屋破旧无法居住，或者城市建设需要让路时，政府会组织拆迁，自然会解决干部工人的居住问题。当时，民众对什么都没有确定的产权，政府对土地、房屋的强制性权力之祸害无从表现。

现行拆迁制度是一个晚生的怪胎。上世纪90年代中后期，土地已经开始货币交易，人们开始拥有对诸多物品的产权，包括城市居民对房屋、农民对土地已经拥有相当明确的产权。拆迁制度不顾这一现实，不承认民众的这些产权，而让政府的强制性权力主宰土地流转过程。它规定，城市中居民与政府之间发生的土地流转，均以拆迁方式进行，拆迁的终极主角就是政府。

随后，中国进入快速城镇化、工业化阶段，城市土地开始大规模流转，拆迁因之遍地开花。近两年来，拆迁也被地方政府扩大运用到城市近郊区。由此出现了世界上最为奇怪的现象：大多数土地流转是商业之需，但这些土地流转大多数却是借助政府的强制力进行的。总是有人说，中国的市场化已经达到多高程度，但中国真的有一个土地“市场”么？一个东西，人们用货币交易它，并不等于这个领域就有了市场。

或许可以说，中国模式的优势在此，致命的问题也在此。拆迁制度的优势在于，政府可以廉价拿到土地，可以在最短时间内拿到土地，因而可以快速推动城镇化、工业化。问题则在于，土地收益的分配严重不公，土地流转过程中伴随着广泛的冲突，同时，土地的利用效率十分低下，长期大规模的土地经营、土地财政，让政府的行为模式日趋严重扭曲。也就是说，拆迁制度已经成为治理秩序的最大麻烦制造者。因此，拆迁制度必须废除。这也正是有关立法部门冲破土地既得利益集团的重重阻力，两次就《征收条例》向公众公开征求意见的用意所在。

而废除拆迁制度的关键，就是把政府的强制力在土地流转过程中出场的机会，限制在最小的合理范围。《征收条例》已经清楚地表明了这一点，也即，只有当公共利益需用土地的时候，才可以启动以政府强制力为依托的征收程序。这一规定的言外之意是，正常的商业性的城镇化、工业化用地，必须以正常的市场交易的方式流转。这个言外之意才是《征收条例》的要害所在。我已撰文《制订一个统一的征收条例》(12 月 18 日）提出，为醒目起见，《征收条例》应当在总则中加上一条确定土地流转中自愿交易优先的原则。

地方政府、房地产开发商甚至普通民众可能立刻提出一个问题：市场怎么交易土地？其实，《物权法》、农村土地的相关法律等已经解决了土地交易的前提：市民对城市土地拥有建设使用权，农民对宅基地和承包地拥有永久或者长期使用权。人们有权交易这些产权，城镇化和工业化过程中需用土地的人，应当就此产权与持有人进行谈判，双方定价交易。除了用途管制、征税和交易监管外，这些交易与政府根本无关，政府没有资格充当交易主体。

从这个意义上说，《征收条例》只是对《物权法》一个小小的补充。《拆迁条例》变成真正意义上的《征收条例》的前提是，《物权法》真正发挥作用，它所确定的民众的土地权利，民众可以自由地支配，在合乎规划和用途管制的情况下可以自由交易。即便公共利益所需的土地，也应当首先在这些法律框架内解决，征收只是最后的手段。

因此，在讨论《征收条例》的时候，人们不能不思考，民众的土地权利如何在更大范围内获得更为有效的保障。否则，《征收条例》即便出台，也不能改变什么。

［2010年12月22日］

郭德纲的嚣张不是罪

◎李承鹏

相声本就是一件很俗的事情，非让它装高雅，那不叫相声，叫诗朗“颂”。有把相声说到诗朗“颂”境界的，比如刚刚表示要铲除郭德纲“三俗”的高雅大师姜昆，每回他在春晚声情并茂弘扬主旋律时，我觉得自己必须穿上燕尾服才配得上聆听。就算笑，也须得用美声方法才可以“哈哈”。当然，这让我在生理上比较难受，所以一直也起不到洗涤灵魂的作用，这让我一直很鄙视自己。

我还真没那么喜欢郭德纲，我更喜欢马三立和侯宝林。可马三立那段“妈妈，有人偷咱家被窝啦”卖的是絮叨，跟高雅沾不上边。至于侯宝林那段《改行》，说的是晚清时老佛爷驾崩后不准艺人在天桥卖艺，还忌嬉笑和喜色，开玩笑是不许了，改行卖根萝卜得把红皮给套上，就连红瓤西瓜也是禁止的。可这也不见得就高雅，还很容易让别有用心的坏人产生联想……

我听相声习惯趿着拖鞋摇着扇子去剧场，或者洗完澡躺被窝里抠脚丫子瞎乐，我觉得相声这东西肯定触及不到我这个俗人的灵魂，最多只可触及我的身体上的笑筋，而这正好抵御生活中的郁闷，要是太高雅，会让我更郁闷。看，我就是这么一个俗人。

昨天早上起床，脑海里还浮现百度里随处可搜的苍井空驾临世博的神迹，马上打住，因为俗；下得楼却见我们小区正进行全民健身运动，锣鼓喧天之中见一老太太咧着猩红的大嘴跟一老头眉来眼去，另一老头差点与该老头打起来，我赶紧撤，也俗；去喝茶见电视里正播放BTV鼎力制作的艺术瑰宝《红楼梦》，我一眼就瞥见黛玉香消玉殒前的玉体横陈，那一条粉腿咯，俗；赶紧买份报纸，标题上赫然是某官员包二奶一年的详细费用，最后不堪其纠缠找人一刀将其抹脖了……我就是被这个俗的世界包围着的，但我不会娶苍井空做老婆，不会真以为BTV玷污了曹雪芹，更不会包二奶且将其杀掉，因为任何人做任何坏事之前都会考虑后果，我胆小，何况还有这么多年的教育，就更胆小。

我们普遍都是受了30年左右的教育的，我们听郭德纲相声也不过3年，难道30多年的教育还抵挡不了3年的腐蚀，这就太不自信了。可中国的事情就是这样，总觉得坏人一个眼神就可以把我们勾引到对岸。其实不是这样的。用我们四川俚语讲就是，借郭德纲一个马达，他都尿不到三尺高的尿。

一些人骂郭德纲是因为他嚣张，嚣张是挺讨人烦的，可没有一部法律中有“嚣张罪”，否则下一步我们得发明“木讷罪”、“聪明罪”、“下贱罪”（后一条罪在明朝是有的），这样我们就没安全感了。一些人还因为郭德纲长了一副“黑社会”相，可这先得封杀郭德纲的爹妈而不是他本人（这一条在“文革”中也是有的）。长得像“黑社会”就是罪，那连孙红雷也不会有安全感了。另一些人说郭德纲盘剥员工，可是我也没见谁取消郭台铭的生产资格和出版资格，各地政府不正夹着阳道欢迎吗？犯了A罪却用B罪来惩戒，这不是文明社会该做的。

在郭德纲这件事上，能说些人话的人并不多，在此认同赵丽华、冯小刚、黄健翔、龚晓跃、王小山、胡淑芬及其他一小撮人，向他们致敬。但人太少了，特别是知识分子层面的人太少了。我一直觉得中国的很多知识分子是比说相声的更可疑，他们一生所持重的不是恒定的标准，而是势利的心机。他们总喜欢打太平拳，见着没危险或可欺的一窝蜂而上，以对方心理受伤害程度为战利品，并互相吹嘘自己文学的手段了得。那个中国人群殴之后的骄傲自豪油然写在正确的脸上。是的，他们不是为了真理而写作，他们是为了正确而写作。他们其实是一个家族的，他们的家族几千年来都是复姓——正确。

我跟郭胖子一点都不熟，我也不是为他出头。我只是很好奇，一个说相声的，说了些狂妄之语，就遭致禁止了宪法赋予的出版权利，其一徒打了人，其所有徒弟竟以自查之名失去工作权利，这符合哪条法律？先前还信誓旦旦的工会又跑到哪条胡同吃红瓤西瓜去了？事实是，郭台铭说那么多人跳楼与富士康管理无关时，你们不愤怒，郭德纲说偷拍不招打此事古难全，你们很愤怒；郭敬明抄袭赢利数千万元，你们不眼红，郭德纲说段子赚钱，你们很眼红；湖北厅官到底是抓扯还是暴打，你们不调查，郭德纲徒弟推还是扯，你们要求一查到底……这样弄下去，我们都没安全感。

你说，为什么中国人活得没安全感？中国的一切之本，是爱人民、爱同类。

［2010年8月11日］

从 Street 到 Hill：如何进行有效的公共政策辩论

◎李华芳

美国首都华盛顿特区是世界上重要的政治中心之一，有一“街”一“山”与政治事务相关，同样名动天下。这一街是K街（K-Street），这一山就是国会山（Capitol Hill）。国会山其实很难算一座山，顶多算个坡而已。而K街也早已超出“街”的局限，成为围绕政策进行研究、分析、宣传、游说等业务的机构的代称，包括智库、律所、咨询公司以及从事专业游说业务的公关公司等。

游说（lobby）是从K街到国会山的关键活动，通常会影响具体的公共政策。“说客”（lobbyist）是其中的主角，说客代表利益集团进行游说，但说客必须进行登记注册，以表明身份。中国的“驻京办”有时候也代表地方利益集团，但通常羞羞答答遮遮掩掩开展见不得光的业务，而K街的说客们则光明正大，甚至颇有说客以自己的身份为傲。

通常我们很难理解，为什么代表利益集团还敢这么明目张胆呢？这要从“利益集团”这个词说起。托克维尔在《论美国的民主》中写道：“美国人不论年龄多大，不论处于什么地位，不论志趣是什么，无不时时在组织社团……在法国，凡是创办新的事业，都由政府出面；在英国，则由当地的权贵带头；在美国，你会看到人们组织社团。”这组团就是组成“利益集团”，大家利益与共休戚相关，才能紧密组织起来。所以利益集团本来就是光明正大的一件事情，必须向别人表明你的利益旨趣所在，别人才能明白你的意图，进而再进行沟通交流。所以在美国组团结社要光明正大，代表利益集团要明目张胆。

在利益明确之后，假定国会即将通过一项法案是不利于某个说客所代表的利益集团，那么说客就要游说，争取不让法案通过。当然也有说客代表利益集团去推动法案的通过，因为可能不利于这个利益集团的，没准有利于那个利益集团。这种院外游说的历史非常悠久，美国独立后的第一届国会就已经出现游说活动。只不过说客不能进入会议室和议事大厅，通常只能在国会和政府大楼的走廊上活动，因此走廊（lobby）这个单词就成了游说活动的英文名，lobbyist 也就成了说客的代称。

通常有一种观点认为说客大大增加了美国公共政策制定和实施的成本，因为可能会陷入旷日持久的拖延之中。而且本来简单的事情，被说客们搞复杂化了。但事实并非如此。实际上，说客的存在节约了巨大的公共政策制定和实施成本。

为什么这么说呢？理由至少有两个：第一，说客们明言利益，这样有助于各个利益集团知道其他各方想要的利益是什么，极大消除了信息不对称，就有了沟通谈判的基础，也有助于达成共识，可以避免由于草率出台公共政策导致的其他社会成本。如果不明白其他利益相关者想要什么，公共政策反而可能迷失其中。你想讲利益，结果别人跟你讲政治，这公共政策就谈不成了。

第二，说客们明言利益要有凭有据，不能光说我们这方的利益有多大，然后来一个狮子大开口，要其他各方作出更多让步。这行不通。因为其他各方也会测算你的利益。尽管这依旧难以避免一定程度的夸大其词，但总体而言能相互制衡。

那么如何做到有凭有据呢？这就要谈到智库的功能。大部分的智库通常都会做几件事情，包括提供研究报告、发表媒体意见、提供国会证词、举办各种活动等。这些都是关于具体公共政策的，比如华府的消费税比弗吉尼亚多缴了多少，但没有投票权，这事不公平，要解决，方案是要么降低消费税，要么增加投票权。

也许从K街到国会山之路，最重要的就是极大提升了围绕公共政策进行辩论的水平。我们的公共政策辩论，更多停留在“为谁说话”的站队阶段，并且往往是从有没有良心的角度去评价公共政策，缺乏专业的研究和分析。而之所以缺乏专业研究和分析，又恰是因为不敢明言利益摆上台面来谈之故。因为利益不明信息不全，也就导致说话难有凭据，公共政策与其说有辩论不如说是吵架，因此也就无法通过有效的辩论来影响公共政策的制定，最终影响社会福利。因此我们社会要提高制定公共政策的水平，不仅要鼓励利益集团透明化，敢言利明言利，还要鼓励智库及其他政策相关的专业机构，例如律所、咨询公司、公关公司等的发展。

[2010年3月24日]

废除贪官死刑之争辨析

◎王琳

在近日审议的《刑法修正案（八）草案》会议上，据说就是否应废除贪官死刑问题展开了激烈的辩论。废除贪官死刑，一向是某些学者的专论，怎么却走进了国家的立法机构？仔细回顾一下，自胡长清以来，经成克杰、王怀忠、郑筱萸，到不久前的文强，贪官被判死刑（立即执行）的，屈指可数。因贪腐而被判死刑的，就更少了。试问有多少官员或公民还记得《刑法》的规定：个人贪污数额在10万元以上、情节特别严重的，处死刑，并处没收财产？

而今天的现状是，如果某个贪官涉案金额只有10万元，网民会争捧他是个廉洁的“清官”。就像那名跌入了“日记本”的著名烟草局长韩先生，涉案金额居然只有几十万元，一份网络调查显示，超过九成的网民认定韩局长是个“好官”。近年来，一些落马官员的贪腐金额动辄以“亿”计算。比如最近曝光的“三最女贪官”罗亚平，涉案金额多达1.45亿元。这名辽宁抚顺市国土资源局顺城分局原局长，被中纪委批示为“级别最低、数额最大、手段最恶劣”。但对层出不穷的贪腐案件来说，“三最”只是一个传说，现实中没有最恶劣，只有更恶劣。从法律经济学上分析，既然贪10万元至多不过死缓，贪10亿元至多也只是死缓，为什么不贪10亿元？

所以对贪官保留死刑必要，对贪官适用死刑也必要。如果空有死刑的刑责设计，却束之高阁不愿动用，刑罚对贪腐官员的威慑力也就大大减弱了。以死刑没有威慑力，作为废除贪官死刑的理由，说不过去。贪官并不是哲学家，能将生死置之度外。《刑法》的威慑力是针对多数普通人的，那极少数不怕死的精英，本来就不需要《刑法》的约束或威慑。

死刑的威慑力不容否认，反对废除贪官死刑的民意压力也不可漠视。为何废除贪官死刑问题仍一而再、再而三地被提出？其真正的原因也许并非那些我们已耳熟能详的"人道、文明、国际惯例"等口号，而更在于实用主义的考量。我花费了几个小时来寻找废除贪官死刑的理据，得出以下三个我认为最重要的。不妨一起来看看，一并分析。

一种论点认为，废除贪官死刑，可以有效防止贪官外逃。中国《刑法》要贪官死，贪官就先往能免死的国家逃。"裸官"现象就是最好的明证。这个理由看似有理，却未必站得住脚。贪官何以要贪？多半不是为了慈善，而是为了自我享受。即便国内废除了贪官死刑，总还有死缓、无期、有期等各色刑罚。没有哪个贪官愿意承受这其中的任何一种刑罚，哪怕只是没收财产。如果说废除贪官死刑可以方便引渡外逃贪官的话，赖昌星就是一个反证——在我国已明确承诺不判处其死刑之后，赖昌星仍然借助于他国司法体系继续在加拿大"赖"活着。赖昌星虽然不是贪官，但他这种心理代表着多数贪官的想法。逃都逃了，想要我主动回来受刑，没门！

另一种论点是，废除贪官死刑，可以有效防止"合法灭口”。网民提出的这个观点，令人叹服。当下的贪腐弊案，大多为串案或窝案。为了防止“拔出萝卜带出泥”，一些贪官就必须死。如果没有了死刑，“合法灭口”就进行不了。这同样是个伪问题。因为要贪官死，判处死刑只是下下之策。没有死刑，该死的贪官一样会被“躲猫猫”。防止贪官被“合法灭口”的最好办法，还是应早日完善污点证人制度，并健全证人保护制度。

还有种流行观点是，废除贪官死刑，可以有效防止制度杀人。一些法学专家提出这一命题的背景是，贪污腐败并不是个人的问题，而是制度的问题。谁来坐贪官那个位置，都会贪腐。该判死刑的应该是不能防范贪腐的制度，而不是那些被制度改变的官员。区分制度的责任和官员自身的责任，的确很有意义。再严苛的刑罚，如果没有相对完善的防贪体制匹配，也无法遏制贪腐。翻翻美国的刑法史，他们所谓的官员腐败主要指的是“贿赂”，而非“贪污”。因为制度不允许官员贪污，官员在民众的监督下也无法贪污。但我仍然觉得，保留贪官死刑和健全防贪体系，并不是一个“二选一”的关系。前者对后者并不构成妨碍。防贪体制大可向前推进，当制度真能让官员不能贪腐时，给贪官准备的死刑也就成了象征意义。那时再言废除，自会得到民意的支持。

[2010年8月31日]

警惕身份证被滥用的现象

◎蔡定剑

根据工信部的通知，从9月1日开始，凡购买预付费手机卡的用户，必须提供真实的身份证件。如果说工信部只是要求登记个人信息，提供身份证明主要是指如户口本、驾照、工作证、学生证等用来证明真实姓名、住址等有关信息，倒也无妨。但如果要求购买时必须使用身份证，并复印身份证，则涉及《居民身份证法》，工信部的通知或规定都无权要求公民必须使用身份证。

《居民身份证法》对居民身份证的使用，有严格的限制。该法第14条规定，只有下列情形之一的，公民应当出示居民身份证证明身份:(一）常住户口登记项目变更；（二）兵役登记；（三）婚姻登记、收养登记；（四）申请办理出境手续；（五）法律、行政法规规定需要用居民身份证证明身份的其他情形。就是说，不是上述情况的，任何机关没有权力要求公民必须出示身份证。查验身份证只有警察在执行职务时才有权。据工信部有关官员称，要求使用身份证是根据《电信条例》的相关规定，所有使用电信业务的人，都必须在业务提供商处登记自己的个人信息。根据上述法律规定，国务院行政法规可以规定其他应当出示身份证的情况。但是，《电信条例》这一规定并没有明确授权工信部或电信商要求公民必须出示身份证，只是规定使用电信业务必须提供个人信息。提供个人信息或者个人身份证明不等于必须出示身份证。个人身份证明有很多，护照、驾照、工作证、居住证等等。这一点必须弄清楚。现在很多办事机构动辄强制公民必须出示身份证，如住宿、取邮件，甚至进机关大门不给身份证不进行登记的做法，这都是违反《居民身份证法》的。

居民身份证在中国被严重滥用，还没有引起全社会的重视。身份证在中国是一种特别意义的证件，它对公民有政治、法律和社会意义，并联系公民的财产，涉及公民的人格权。在自由社会如果一个人出入办事都要出示身份证，会使很多人感到不舒服。你不信？如果让警察经常查验有关官员的身份证，你看他恼火不恼火。问题是官员的一项特权就是他们经常办事如住宿可以免出示身份证，有关的人员都帮着办好了。此外，中国公民的身份证还与个人的银行存款和房产、社会福利相连，涉及公民的财产安全。公民身份证涉及公民重要的隐私。所以居民身份证需要特别的保护。这就是法律为什么规定只有在少数特别情况下才能要求必须提供身份证。法律规定以外的强制要求出示身份证的行为都是违法的。

工信部出台这项规定是以保护公民免受垃圾信息、诈骗信息侵扰的名义。就像上次推出“绿霸”的理由一样看起来也是“正当”的。但是正当的理由未必就达到正当的目的。现在居民身份证被严重滥用，造成了许多利用居民身份证犯罪和利用个人信息犯罪的案件，这种侵害和潜在的危险可能比垃圾或诈骗信息的侵扰更大。最后的结果可能是公民以牺牲个人的信息和隐私为代价，却没有换来无侵扰使用手机的安宁。被大家怀疑的后果是权力部门利用这些信息加强社会控制，以及个人信息隐私被权力部门或商家更猖獗地滥用。

〔2010年9月4日〕

GDP世界第二的历史反思

◎程亚文

中国今年第二季度的GDP（国内生产总值）总量，已被宣告超越近邻日本而成为“世界第二”。这自然免不了又集中引发了海内外的一番热评。

中国媒体在看待这件事情时，乐观的声音不多，这种态度是明智的。GDP在世界的排位变化，并不能完全代表国家的实力生成与文明提升。从很多方面来看，中国仍然相当落后。就拿已在经济总量上退居身后的日本来比较，中国目前在人均收入、社会保障水平、社会公平度、技术创新能力、教育投入等方面，恐怕只能与日本在40年前的状态相比拟。更何况在成为“世界第二”后，中国被关注的程度空前提高，来自外部的经济、政治甚至军事压力也有可能空前加大。而这种情况，近年间实际上早有征兆。

但这还不是最值得担心的。中国是如此一个大而古老的国家，就像一艘在海中航行的大船，只要船体足够坚固结实，就抵抗得了任何风浪。最近几年，中国学界和舆论突然兴起的一个话题，就是关于“中国模式”的讨论。“中国模式”当然有认真总结的必要，作为文明古国，中国有其成为文明国家的独特性，在世界观、价值观和方法论等不少方面，都有推而广之成为世界公共物品的潜能。但当下中国语境中的“中国模式”，多半是对近30年来中国发展历程的概括提炼，甚至仅仅是对所谓“中国经济奇迹”的经验总结。这种着眼于“发展”和“现代化”、明显缺乏历史视野的功利性论述，不仅抽离了中国文明的丰富多样性及其当代潜能，而且容易意识形态化为其他一些现代化发展模式的对立面，被看作是与其他形式的发展模式相竞争中的胜利者，一种新的值得学习仿效的对象。

上世纪70年代末以来，中国的经济增长及与之匹配的有限制度变革，的确开创了中国自身的一个新时代，也形成了一定的“模式”。简单来论，“中国模式”乃是政府控制下的市场经济，市场弱小的时候就减少政府控制（国退民进），市场变强的时候就加强政府控制（国进民退），市场的功能和作用虽然前所未有地增强，但始终是围绕政府所设定的桩脚在打转。这种政府主导下的市场体制建设及经济成就，放大时空来看其实又并不新鲜，巴西、阿根廷、墨西哥等不少国家，在更早的年代都曾有过类似经历。上世纪六七十年代前阿根廷的人均GDP曾比肩欧美发达国家，巴西在上世纪70年代也一度被认为将成为南美超级大国，人们当年谈论“巴西模式”就如今天谈论“中国模式”。然而，这些国家在获得一定的经济增长后，进一步的经济发展与现代性转变却变得裹足不前，甚至还在某些方面出现倒退。

何以如此？美国经济学家沃森解释了这种现象。他说后发国家在经济追赶时，所容易犯下的毛病，是乐于对外进行技术引进而不进行制度创新。缺少法治精神、民主体系、市民社会等方面的制度变革作为支持，由此造成的结果，是尽管会在一时取得较为可观的经济增长，但可持续发展的潜力却会不足，最终形成发展陷阱。此即所谓“后发劣势”（Curse to The Late Comer），也称“对后来者的诅咒”。

此言不中听，但却是中国曾经有过的血淋淋经历。放到中国自身的历史坐标中，“中国模式”也非从天而降、突如其来，中国遭遇“后发劣势”早有前车之鉴。自打一个半世纪前两次鸦片战争惊醒了中国的天朝幻梦，从而也追求起现代化以来，中国至少已经历四次现代化过程。1860 年至 1870 年的“同治中兴”即为第一次，当时大清皇朝在大批能干官僚的推动下，一边对农民轻徭薄税、鼓励耕作，一边大举引进外来设备、资金和技术，不长时间内经济总量即获大幅增长，呈现一派兴旺景象。这一被称作“洋务运动”的第一次现代化经历，却并没有进行更为深刻的制度创新，与现代性转型相关的土地制度、私有产权、科技教育体制等，均未触及。快速增长的 GDP 水平与明显滞后的制度建设之间的不协调，最后是通过甲午战争一役而全部暴露。

历 150 年之后，中国的 GDP 增长再次引来了世界的一片惊叹。但以纵横为鉴，很明显，这只是一个不错的开始，要想一路走好，还有许多的事情需要去做。

2010 年 9 月 11 日

人口老龄化的战略研究势在必行

◎唐钧

中国人口老龄化程度不断提速，在今后一段时间内还会呈现加速的趋势。最近专家学者纷纷建言，政府官员连连发话，媒体记者持续关注，使这个话题迅速升温：譬如“报告称2030年我国将成人口老龄化程度最高国家”，譬如“调查称我国90%以上‘80后’无法赡养父母”，譬如“中国跑步进入老龄化社会：人活着，钱没了”……不一而足。

人口老龄化，其实对中国的社会经济发展有弊也有利。老龄化是社会发展的一个客观规律，本身无所谓“好”或“坏”。一个国家、一个社会对老龄化到来只要不掉以轻心，认真做好准备，利用人口结构的变化，适时调整经济体制和产业结构，同时把调节社会分配作为重中之重来抓，如果能够做到这几点，顺利度过老龄化的高峰并使社会经济发展顺势再上一个台阶，是完全有把握的。

中国是一个有13亿人口的大国。在当今世界上，“10亿级别”大国的人口老龄化，并没有现成的经验可借鉴，而套用已经进入老龄化的“百万级别”及“千万级别”的国家经验来说事，恐怕是有问题的。中国人口老龄化达到最高峰时人口可能会有15亿，届时中国的劳动力人口还有7亿多。如此庞大的劳动力人口，足以支撑多大的经济规模？常有人拿“赡养比”说事，几个人养一个老人，这是误导。以家庭为例，家中的台柱子有没有能力挣钱才是决定其贫富的决定因素。所以，中国当前的迫切问题是教育问题，是要提高劳动力素质和提高劳动生产率。另外，中国老龄化的成因之一是“少子化”。“老龄化”高峰时，儿童的比重正当低谷，总的赡养比仍然是一半对一半，没有多大变化。

中国社会人口的发展趋势，总的来说可以用“幸运”一词来形容。上世纪50年代，马寅初的人口理论遭批。于是，中国人口从1964年“二普”的7亿人增加到1982年“三普”的10亿人，这就引出了改革开放初期“错批一人，误增三亿”的说法。但是，在改革开放的前30年，正是这“误增”的3亿人造就了中国的“人口红利”和“比较优势”，这才有了连续30年经济高速增长。现在，当中国把“加快转变经济发展方式，推动产业结构优化升级”提上议事日程时，劳动力人口开始减少了……“老龄化”的到来，使很多人忘记了“人口多、底子薄”的基本国情，忘记了中国的人口压力和就业压力。实际上，中国目前还有2亿劳动年龄人口不能就业或者不能充分就业；而以世界银行每天2美元的贫困标准计算，中国的贫困人口也是2亿。前者难道不是后者的直接原因？

当然，并不是说，中国的老龄化不用操心。如果我们没有认真做好准备，银发浪潮对中国来说会是一场史无前例的灾难。但是，从当前的相关制度和现行政策看，我们的确还没有做好准备。因此，公众的焦虑，尤其是“80后”的焦虑，是有道理的，没有预期的未来会令人狂躁不安。

譬如养老保险，看似问题很复杂，其实很简单，就是国家欠了“老人”和“中人”的债。这两代人年轻力壮时赶上计划经济，创造的财富除了少许生活费以外都被国家拿去搞建设，最终形成了国有资产，他们得到的承诺是“生老病死有依靠”。现在他们步入老年，不管怎么样，国家自然应该负责他们的养老。资金不够，就应该在国有资产上打主意。但近年来的养老保险改革，总的指导思想就是：对劳动者，想方设法让他们多交钱；对退休者，则想方设法让他们少拿钱——当下热议的“延长退休年龄”，就是要让参保人少拿5年钱，同时还要多缴5年钱。

又如老年社会服务，实际问题可能比养老保险更大。政府看上去也在努力，但前些年，很多地方政府都拿财政的钱去“堆”公办养老院，要创“五星级”乃至“七星级”，然后供养百十号人做门面。而对民办养老院，对为老年人的社区服务，却很少投入，任其自生自灭。十几年下来，始终形不成规模。

总而言之，要理性对待人口老龄化，就是要一分为二，既不要将老龄化“妖魔化”，也不能对老龄化掉以轻心——关键在于政府。中国的社会经济资源过于集中在政府手里，政府不作为，其他方面都无能为力。所以，一个对中国人口问题和老龄化问题的战略研究势在必行，还不能仅仅局限于“十二五”。

[2010年9月21日]

用“蒂伯特机制”来引导人口均匀流动

◎苏振华

不久前，中国房地产学会的执行会长陈贵撰文表示，有效控制北京人口激增，必须遵循物竞天择、适者生存的道理，高房价、高租金和高生活成本，是控制北京等特大城市人口无序膨胀的唯一生态门槛。

在高房价惹得民怨沸腾的今天，这一看法当然遭到了多数网友的质疑。北京等特大城市的房价早超过了普通工薪阶层的购买力，但为什么人口还要竞相拥入？其原因在于，对就业机会的竞争是吸引人口流动最根本性的原因。而决定一个地区就业机会的因素是公共服务水平和经济发展程度。目前国家的基础设施投资，大量投向了北京等特大城市，大城市的公共服务水平，远好于二线、三线城市，如北京、上海等城市的高考录取线，就远低于其他省市。另一方面，目前工商业、服务业都在向大城市集中，二线、三线城市没有好的就业机会。这些年一直在推行一个大学生毕业当“村官”的就业计划，意图解决大学生就业难的问题。这样的措施是治标不治本的，经济越落后的地区就业机会越少，即便大学生暂时被赶到农村做了“村官”，大多数人几年后还是要离开农村进入城市寻找就业机会的。只要中小城市不能提供足够的就业机会，这一趋势就不可能改变。

但北京等特大城市人口不断膨胀，导致资源供给极度紧张，也是一个必须解决的问题。房地产学会的会长先生提出的解决办法不算太糟糕，至少比前些年北京市人大代表张维英提出的用人口素质控制流入的见解要高明得多。房地产学会会长的建议正确地把握了一点，引导人口流动不能靠行政措施，而是要引入竞争机制。只不过这是一种负向竞争，即北京市不希望人口流入，用高房价来堵住人口流入的通道。不妨设想一下，能不能确立一种正向的竞争机制，在这种竞争机制之下，所有城市的选择都是希望吸引人口流入，于是每个城市都想方设法地降低房价，由此房价也降了，人口流动也均匀化了。这一机制是可能确立的，美国经济学家查尔斯·蒂伯特1956年曾提出了一个被称之为“蒂伯特机制”的解释框架，对此给出了一个经典分析。

所谓“蒂伯特机制”是说，不同的地方政府在提供公共服务水平上的竞争，是引导人口均衡化流动的有效办法。在人口流动不受限制时，居民会根据各地方政府提供的公共产品和税负的组合，来自由选择那些最能满足自己偏好的地方定居。如果某地政府提供的公共服务水平高，而税负却相对较低，人们就会拥入这一地区定居和工作，如果各个地方人均享有的公共服务水平大致均等的话，人口就会均匀流动，不会出现大量人口拥入少数地区导致过度拥挤的局面。问题在于，为什么地方政府会有动力来提供高的公共服务水平吸引人口流入呢？这就需要确立起一个竞争机制。蒂伯特所设想的机制是这样的：地方政府官员吸引人口流入，其目的一方面是繁荣经济，创造更高的税收，但更重要的是，流入的这些人口不仅仅只是工作人口，而且是选民。当确立了官员民主选举产生的机制时，各地官员就会竞相致力于打造良好的公共服务，吸引民众流入本地区为自己投票，在各地官员为此展开竞争时，各地的人均公共服务供给水平会趋于均等化，由此人口的流动就均衡化了。故而，“蒂伯特机制”的实质在于，政治竞争是导致人口均匀流动的关键性驱动因素。这就是所谓“用脚投票”的道理所在。

人口大量流入大城市，在现阶段是必然的，这是由区域之间发展差距过大所决定的。目前的财政体制和官员遴选机制，导致区域之间的有效竞争无法建立起来，财政资金大量投向了一线城市，后发地区作为资金资源的净流出地、作为公共财政遗忘的角落，根本就没有什么就业机会。后发地区的民众，之所以选择“赖也得赖在大城市”的“用脚投票”，甚至成为“蚁族”也在所不惜，实在是因为别无选择。而如果让“蒂伯特机制”运转起来，人口单向地向大城市流入的局面就能够一劳永逸地彻底解决，如美国等先发国家已然为之提供了成功的例证。

［2010 年 10 月 20 日］

自恃特权者必须受到舆论谴责

◎景凯旋

近日，一个人醉酒开车在河北大学校园里撞死学生，事后肇事者却大声对周围人说："有本事你们告去。""我爸爸是李刚。"原来肇事者的父亲是当地一个公安分局副局长。按照法理，一人做事一人当，此事本来与其父亲无关，但这句话却再次刺痛了国民的神经，引起网上的热议与声讨。

在官本位的排序中，这名肇事者的父亲也许就是一个副科长吧，其官阶并不算高，在古代是个七品县官以下的吏员。网上将其称为"吏二代"，大概是认为他还不够品级。这称谓还有一个意思，在人们心目中，也只有像《水浒传》里高俅那种从一品的显宦，其子弟才可以称得上"衙内"，敢于仗势欺人。这世道到底是不同了，要比过去好五倍，但那是指权力者，所以连"吏二代"也可以耀武扬威，以衙内自居，视人命如草芥。

权力要扭曲到怎样的程度，才会产生这样一种泯灭人性的冷漠感觉？如果凡沾一点官职的人，甚至他的亲属都可以无法无天，老百姓还有活路吗？这名肇事者可能只是太蠢，不但在事发后表现得冷漠，而且还说人神共愤的话，可言为心声，这样的心态实际上很有代表性，代表了目前的社会生态环境。那就是一部分官员及其子弟把自己当成特权阶层，已经为所欲为惯了。

正因为这种官民逐渐形成阶层分化，而且成了官员们的自觉认识，才有了“你是代表党说话还是代表群众说话”、“与政府作对的就是恶”等雷人官话不断曝光，我们才不能不承认他们说的是事实。而此事发生后，肇事者被定性为涉嫌交通肇事，网上却发出不同声音，认为案件定性过轻，也反映了公众对司法在官民犯罪上实行双重标准的看法。

这不能怪公众缺乏法律知识，因为事实上目前的法制还不健全。比如官民就有不同的对待，由于部分权力者自以为有特权，只看重左右其仕途晋升的党纪，而不担心约束庶民的国法正律，所以个别官员及其家属才会不把法律放在眼里，否则那名肇事者是不可能说出这样的话来的。这不是现代的法治，甚至也不是古代的德治，而是他们眼中一厢情愿的官治。在这样的社会里，这世界不是你们的，也不是我们的，而是他们的。

然而，中国民众再愚昧懦弱，现代社会的平等还是懂得一点的，所以每当听到“我爸是某某某”的话，总会感到愤怒乃至无奈。肇事者应当如何处罚，自当按照法律程序，罚当其罪，但他这番话却必须受到社会的谴责，并且引起我们的深思（但愿也能引起包括肇事者父亲在内的官员们的深思）。权力感是一种社会毒瘤，它会破坏社会的起码道德，让全社会奉行丛林法则。可以想见，这个肇事者将来如果做官，一定是个滥用权力的人，他要想改变对权力的认识很难，因为社会存在就决定了这样的意识。

河北大学校方的反应同样令人失望，事发后他们不是公开谴责肇事者，要求公安机关追究其法律责任，给学生家长和学校一个交代，而是贴出通知，提醒学生们注意校园安全，好像出事是由于学生自己不注意安全似的，更难以理解的是，校方还下令学生不许接受新闻采访，表现得就像那些出事的黑煤窑。这可是代表一个社会良知的堂堂大学呀，学生们将学校视为自己的家，可“家长”却是这样对待他们，怎不令人寒心？如果受害者是你们的孩子，你们也会这样雍容大度吗？

明年就是辛亥革命100周年，先辈们当初建立共和国的理想和实践，其中一个就是要实现民权，消灭人与人之间的不平等，可见我们前面的路漫漫。好在肇事者的言论还能引起社会的谴责，说明公众还对实现社会公正抱有希望。

［2010年10月21日］

南科大应先有《大学章程》

◎熊丙奇

筹建中的南方科技大学再一次引起舆论的关注。据媒体报道，历经三年零六个月的筹建，以“去行政化”为大旗的南方科技大学屡遭行政化困扰，直到前不久才获批筹建。

对于这个获批“筹备建设”，很多人是不解的——干吗到现在还只是批准筹建，而不是批准成立呢？并将其作为行政化的又一证据。我一度也曾觉得这是行政部门故意与南科大为难，但静心一想却发现，这不是故意为难那么简单，需要我们关注的还有另一个问题，即南科大是否已经做好了办学的充足准备，或者说，南科大的《大学章程》是否已经明确制订？

1999年1月施行的《高等教育法》第二十条规定，“申请设立高等学校的，应当向审批机关提交章程”；第二十八条规定，“高等学校的章程应当规定学校名称、校址、办学宗旨、办学规模、学科门类的设置、教育形式、内部管理体制、经费来源、财产和财务制度、举办者与学校之间的权利、义务、章程修改程序等事项”。依据这一法律规定，南科大要申请设立，必须提交章程。那么，南科大现在有《大学章程》吗？

答案是：准备制订但还没有。对于《大学章程》，去年11

月，深圳市委宣传部副部长吴忠表示："深圳将制订《南方科技大学章程》，交深圳市人大审议，避免政府直接与学校打交道会造成的行政干预，实现大学自治。"朱清时校长也在多个场合表示，他现在在做的一件事就是制订南方科技大学的章程。把章程拟订好了后，南方科技大学就是个独立法人单位，这个章程在特区立法之后就可以依法治校。从目前情况看，南科大并没有《大学章程》，如果严格按照《高等教育法》，目前的南科大是不应获批设校的。

对此，大家肯定会强烈反对，综观我国所有已经正在办学的高校，有明确的、通过立法机构审议的《大学章程》的，没有一家。既然如此，为何要特别强调南科大的《大学章程》呢？完全可以让南科大边干边试边完善。更何况，朱清时校长已表示，在《大学章程》正式出台前，南方科技大学先将制订一个行政条例来保证学校管理的独立性。

我并不认为这是一个好意见。首先，《高等教育法》对于《大学章程》的规定，是符合大学办学规律的，而且，把《大学章程》作为大学宪章，这是所有现代大学的基本做法，问题在于从法律颁布至今，一直未得到执行，南科大要成为中国高校改革的典范，制订《大学章程》是十分重要的起步。其次，作为一所带有明显改革意图的大学，还面临很多的未知数，比如，深圳市领导换届、改变办南科大的意图怎么办？朱清时不当大学校长之后怎么办？而要避免这些未知数给大学的招生、教育教学、学术研究、人才招聘、校长遴选等带来麻烦，应事先对所有问题进行预估，建立保障大学财务独立性、办学自立性的基本管理制度。这些管理制度没有建好就仓促上马，会给未来的办学带来很大的不确定性风险。

一个值得大学关注的问题是，南科大已经筹备了三年多，校长也采取全球公开遴选的方式，为何到现在《大学章程》还没有出台？这是不是反映出《大学章程》本身的难产？还有诸多学校管理问题没有想好？事实上，近来朱校长向媒体披露学校办学过程中遇到的一些障碍，或多或少与此有关。如果有了立法通过的《大学章程》，相关的办学事务，尤其是与政府打交道的事，按《大学章程》办理即可。朱校长之所以高度重视《大学章程》，是因为他清楚地知道这对南科大的重要意义。

所以，在我们急切等待南科大的成立时，更应该以理性的态度，去关注南科大的每一步办学是否符合现代大学制度构建的要求，当下的问题是，深圳和南科大应将《大学章程》制订出来——这可让大家看到南科大将建立怎样的法人治理结构和内部管理体系。在笔者看来，有世界一流大学，尤其是一河之隔的香港科技大学做榜样，按照现代大学制度框架，制订《大学章程》并非难事。当《大学章程》出台，教育部门仍不批准南科大设立，这就是行政化以及表面改革，但实质并不愿改革的问题了。

［2010年10月22日］

给强者荣耀，给弱者尊严

◎郭宇宽

有一种句式，听上去很令人狐疑，但其实道理并不错，就是“不要照搬照抄××国家的×××”。有一些特征是所有文明国家共同遵循的准则，比如言论自由、司法中立等，但有一些方面则理念差异较大。比如对待劳工和市场经济的态度，确实可以总结出不同的发展模式。

莱茵模式（Rhineland Capitalism）的提法，近几年就浮出水面。那是由法国经济学家、曾任法国保险公司总裁的米歇尔·阿尔贝尔（Michel Albert）提出来的。他在著名的《资本主义反对资本主义》著作中，将莱茵河流域的西欧国家，主要是德国还有一些北欧国家瑞士、挪威、瑞典等国所奉行的经济模式，称为“莱茵模式”。与英美模式相比，欧洲的莱茵模式具有深厚的社会基础和悠久的历史与文化传统，以社会保障体系，利用税收和福利政策来实现社会的和谐和公正。

严格说，莱茵模式和英美模式的比较并不是绝对的方枘圆凿，而是强调侧重的不同，相对于英美模式强调自由竞争，莱茵模式更注重公平和保护弱者，人文主义色彩比较浓厚。

我在北欧国家考察期间，感觉和我在美英看到的景象很不一样，“安逸得很”。美国大城市有不少乞丐，工作节奏也比较快。而这些北欧国家有些像《礼记·礼运篇》里讲的“鳏寡孤独废疾者皆有所养”，普通劳动者一般每天工作上 6 个多小时。而且这样的国家社会福利极好，最好的教育和医疗设施往往都是公立的，从幼儿园开始教育就免费，一直到大学都不要花钱，教育机会非常公平。在美国还会有因为父母穷而孩子读不起好大学的事情，比如苹果公司总裁乔布斯这么能干的人，还因为父母穷而从学校辍学。这在莱茵模式的国家几乎不会发生，只要是本国公民基本不会为受教育的费用担忧。这些国家也同时是人均寿命、幸福指数、社会治安，甚至平均身高排在英美之前的国家，虽然这些国家也有很多自身的问题，它们的老百姓也有很多牢骚，但至少这是和英美模式相比同样有生命力的一种发展模式。

单方面强调人道福利，崇拜绝对的公平机会是有问题的，会变相地鼓励懒惰，让社会的文化变得不思进取。公平的观念本身就一直在演变，如果把公平强调到极端的地步，很容易产生教条，束缚社会创新的活力；单方面强调自由竞争、崇拜市场逻辑也有其问题，会变成赤裸裸的弱肉强食，社会的文化会变得势利、残酷、冷漠。市场的逻辑隐含着出价高者得的原则，如果在不追问制度和规则的情况下，强调自由竞争，很容易导致强化既得利益者的利益，甚至无视弱势者被欺凌。

莱茵模式和英美模式一样有复杂的背景，有其国情，不是想学就一定能学得像的。但至少莱茵模式对于中国当前有很强的认知价值。在我看来，它的特点就是，既给强者荣耀，又给弱者尊严。

莱茵模式首先是保障了市场的充分运作，保障了对产权的尊重，这样就有了竞争的平台，不会像我们计划经济年代里一样，不尊重你的自主性，把人物化得像一块砖一样，听凭组织到处搬。有了市场的平台，就有了竞技场，如果你不怕压力和竞争，愿意奋斗，你也可以创业，就像在英美国家一样你也有机会出人头地，创业的成功者一样受到社会的尊敬，很有成就感。其次，它对于成功者的累进税率更重，当一个大企业的高管，常常每个月的百分之六七十收入都要用来缴税，用转移支付来补贴弱势群体。

当然这样的税率是不是“太重了”？这些国家内部也有很多的讨论。但重要的是，这代表着一种社会共同体的理念，照顾弱者应该是强者的责任，而不是在市场法则下合理的“赢家通吃”，赢者得到荣耀和奖赏，输者也应有尊严和补偿。这在我心目中比较符合和谐的含义。更可贵的是，实行莱茵模式的这些国家，都有很成熟的宪政和民主体系，人民在言论、信仰甚至性取向方面的自由程度至少不比英美逊色。这从一个角度给“哈耶克命题”一个反证，固然福利可以被野心家用作蛊惑人心的手段，但良好的社会福利只要有民主宪政体制的保障，并不一定就会通向奴役之路。

[2010年10月30日]

支持吴敬琏，反对极左与极右

◎叶檀

极左与极右是摇摆的两极。当一个民族经常选择极端思考方式时，说明这个民族缺乏理性的思考精神，在制度架构中缺乏公开公平的博弈平台。所有这一切，在中国追求现代化与工业化的百年近代史中，表现得淋漓尽致。

建立基本共识非常重要，经济领域的理性与建设性的制度建构是核心。只有每个公民拥有保障自己利益的救济渠道、只有每个公民的财产权在法律的庇护下安全可靠，才能彰显法律的独立性与市场的高效率。

近日，吴敬琏先生再撰文《极左极右都危险》（原载《中国改革》第 11 期，昨日《南方都市报》社论版转载），文章客观地承认了中国存在的贫富差距过大等一系列问题，指出首要原因是腐败和垄断，其次是增长模式存在缺陷导致资本所有者与劳动者之间的收入差距越来越大。要补充的是，随着货币宽松时代的到来，实体经济与虚拟经济之间的差距成倍扩大，华尔街金融家年末动辄几千万美元的分红是金融时代不公平的典型象征，到次贷危机之前达到极点。其他的原因包括劳资双方谈判权利不对等，前者维权困难重重，而农民收入过低除了农业附加价值不高之外，主要是因为农民无法从土地产权的交易中获利，很长一段时间，他们被排除在利益链条之外。

所有这一切脏水都不应泼到市场的头上，市场并不必然意味着权贵经济，市场并不意味着为提高效率可以侮辱法律，事实刚好相反，为了市场的效率，我们必须建立相对公平的制度，将交易成本降到最低。

举一个简单的例子。中国城市建设大多依赖卖地收入，从提高行政效率的角度，土地使用权拥有者议价能力越强，则城市建设效率越低。事实并非如此，当我们彻底漠视土地使用权者的利益，当这样的案例越来越多，最终社会将支付高额的总体成本，这一成本表现在经济与社会各个方面。

此时，需要排除极左极右的煽动性思维，在政府权力与公民权利之间作一个平衡：被拆迁者的物权理应得到《物权法》的保护，政府尽快出台《征收条例》。如果按照规则，某一区域80%的居民同意拆迁时，最后的20%必须服从公众的利益，规则力量就能在多数民意的支持下顺利介入。如此一来，各方面的利益通过公开的博弈得到了维护，社会总体成本将因此而下降，系统性的风险被大大化解。

再举一个国外的例子。

2001年11月到2002年4月，在安然、世通等大型公司暴露出惊天财务丑闻之后，美国资本市场损失了7万多亿美元的市值，彻底打击了包括美国在内全球投资者对美国资本市场的信心。为重塑投资者的信心，美国国会通过了由参议员萨班斯和众议员奥克斯利联合提出的《萨班斯—奥克斯利法案》。该法案对公司治理、会计师行业监管、证券市场监管等方面提出了许多新的严格要求，并设定了问责机制和相应的惩罚措施。

该法案对公众公司欺诈行为和高管犯罪的刑事处罚力度是史无前例的。法案第906条款规定，CEO和CFO在明知公司向SEC申报的包括财务报表的定期报告有不真实的财务信息的情况下仍签署书面声明，将被处以可高达100万美元罚款和上至10年的监禁；如果属于“有意欺诈”性质的提供虚假财务报告将被处以可高达500万美元罚款和上至20年的监禁。

很多人幸灾乐祸地表示，由于财务与监管成本大幅提升，美国将因此失去全球优质上市资源。他们忘了反过来思考问题，当一个市场的信用被投资者信赖，进入市场就意味着获得了信用证，市场内部的运作将更加高效、摩擦更小。中国的许多公司将在美国上市视作信用的荣耀之环。当然，次贷危机表明，美国对货币、对金融衍生品的监管远远落后于市场的发展。

中国市场处于十字路口，未来的制度选择至关重要。反对极左与极右，走中间道路就意味着以坚强的意志促进改革，建立理性思考的习惯，坚定地捍卫自己与他人的利益。这体现在每个经济改革的技术细节的改良上，更体现在纳税人对于建设公共财政的坚持上。

当理性的、坚定的声音越来越多，吴敬琏先生所担心的暴君与暴民的治乱循环才能被丢进历史的垃圾桶。

2010年11月1日

征地本该是笔赔本买卖

◎张千帆

当下征地那么“疯”不难理解，因为不少地方政府把它当作一本万利的生意经：一征地拆迁，GDP、地方财政、官员寻租机会和灰色收入就应有尽有了。我原先一直有一个误解，以为发达国家宪法要求征收给予公正补偿，部分是为了防止政府利用征收权赚钱，变成如中国地方政府的“土地财政”；不过即便不能赚钱，也起码能以同价买进卖出、保持收支平衡吧？近来国外学者的解惑才澄清这个误解，原来许多国家征地不仅不能赚钱，根本就是一笔赔本买卖。这笔买卖之所以赔本，是因为政府只买不卖：一旦为了公共利益征地，政府必须按公平市价给予被征收户公正补偿，却并不以同等价格卖给开发商，而是一般把征来——更准确地说，买来——的地白给开发商，算是给他们提供优惠条件，让他们投入开发某些公共利益项目。

这样就不难理解为什么征地在国外那么稀罕了，谁愿意做这等赔本生意呢？政府要从自己的财政中为被征收者支付巨额补偿，却不能通过“卖地财政”赚一分钱。这在我们这里听起来简直是天方夜谭。当然，财政收入原则上并不属于政府自己，而是政府代表纳税人为了公共利益而投资的那部分钱，但毕竟这笔钱的使用是在政府控制之下。既然征地要赔本，而且是赔大本，自然就没有哪个政府热衷于那么干。其实国外政府卖地也不违什么法，不过这么做很不得民心，说不定把自己的乌纱帽弄丢了，也就没谁去做这高风险的事，而是一般和开发商谈判，让他们在开发区域周边免费提供价值相当的道路、设施建设。这才是真正的“取之于民，用之于民”。

这样也解释了为什么“公共利益”在国外征地过程中是一个问题，但从来不是被我们想象得那么严重的问题。我们如此在乎征地是否符合公共利益，不就是害怕以“公共利益”为名的征地实际上是被地方官员和开发商用来大发私财吗？现在政府根本不能从征地中获利，除非可以证明官员私下接受开发商贿赂，个人寻租或“土地财政”等不正当征地冲动应被排除在外。如果政府在赔本情况下还要征地，那么基本可以确定其主观动机确实是为了促进地方公共利益。当然，目的良好并不等于手段合理，地方领导可能出于好大喜功、低估成本或对财政能力过于自信而决定征地开发，因而征地决定一定要广泛征求公民意见，而且地方政府也需要确凿证明征地成本是其财政能力可以胜任的——既然不能“卖地”，那么征地补偿就得完全由政府财政支付，财政预算中得有这笔钱才行。然而，在目的正当、意愿良好的前提下，“公共利益”已经从一个火药味十足的社会问题转化为可以心平气和解决的技术问题。

既然政府不愿轻易插足，社会发展就主要通过居民和开发商之间自愿交易进行；这种发展可能不那么迅速，但是成果要实在得多，生命、安全、资源、环境等方面的代价也低得多。政府财政也从开发中获益，但不是通过卖地赚钱这一锤子买卖，而是通过对开发后增值的土地征收财产税（或称物业税），而财产税只是一个小百分数，要征好几十年才能收回征地成本。既然前人栽树只能让后人乘凉，大概没有哪国官员觉悟那么高，以至像我们的各级官员那样恨不得在任期内把辖区全部土地都征完。

现在有人提出要开征物业税——征税是可以的，但是从以上经验来看，征税的前提是政府首先停止“卖地财政”，因为对财产征税的目的就是让政府财政从社会发展中获得稳定收益，用于弥补政府在开发公共事业过程中的支出；但是一旦开征物业税，政府就更没有理由卖地。如果卖地还在继续，却又凭空添了一个新税种，结果无非是政府又刮一层皮、百姓多受一茬罪而已。

其实征地赔本的道理不难想通。既然征地是为了“公共利益”，政府用纳税人的钱投入某个促进广大纳税人福利的项目，同时公正补偿被征收者的损失，政府有什么理由一定要把买来的地再卖出去呢？用纳税人的钱为纳税人造福，“禄在其中矣”，公共利益本身就是公共开支的回报，政府为什么还要把这笔开支收回囊中甚至大发其财呢？换个角度看，如果征地真的是为了宪法规定的“公共利益”，难道各级政府还会那么乐此不疲吗？

［2010年11月6日］

司法所无法解决的拆迁悲剧

◎傅蔚冈

《国有土地上房屋征收与补偿条例（草案）》自今年1月29日向社会公开征求意见后，罕见关于其进展的消息。有媒体透露，在历经千余人的座谈、万多份的意见之后，《国有土地上房屋征收与补偿条例》终于要公布实施。与年初意见稿相比，在拆迁补偿、公共利益界定、征收程序以及强制搬迁等方面，均有突破性进展。最吸引公众眼球的是，据说新版草案去掉了行政强拆，要用强拆时走司法程序。

由司法机关而不是行政当局来决定房屋征收与补偿，这是现代法治国家的通例。一个最为基本的理由是，任何人都不能做自己的法官：政府要获得私主体的财产，必须获得对方的同意。如果为了公共利益，也要基于市场价格对其进行补偿。假使政府能够自己决定被征收财产的价格，同时还可以单方面强制获得私主体的财产时，这样的行为与强盗的抢劫行径又有何区别？也正是基于这个原因，在现代法治社会中，当私主体不满政府当局对其的征收决定时，由一个中立的第三方机构——司法机关来决定征收是否合法、补偿价格是否合理，这已经成为现代法治国家中的一个惯例。

始于1991年的《城市房屋拆迁管理条例》（以下简称《管

理条例》)，之所以会产生“诉讼期间不停止拆迁的执行”的行政强拆模式，这与当时中国的财产权状况有关。上世纪 90 年代初的中国几乎没有私人所有的房产：土地是国家的，房子是单位分配的福利。在这种背景下，当政府一声令下要进行旧城改造、要对原有的房屋予以拆迁时，原有的使用权人自然没有抗争余地，更何况，政府还给你提供了周转住房。

但是 1998 年房改后，情况就不一样了。随着福利分房制度逐步退出历史舞台和商品房建设项目的推开，大家所居住的房屋逐渐从福利变成自己的财产。如果说福利的处置权是归属于国家或者单位，那么对于财产的处置权只能是由其所有人决定。也是从此时开始，居民们的房产价值在市场中也可以找到了一个合适的价格；也是从这个时候开始，城市房屋拆迁终于遇到了“钉子户”，私人再也不满意政府随便拆走自己的房屋，而是需要给出一个满意的价格。

不过遗憾的是，作为旧城改造的主体——政府，它并没有注意到这个细微却重大的变化——也有可能是故意漠视这种变化。始于计划经济时代的《管理条例》并没有规定按照市场价格对被拆迁的房产进行补偿，在“产权调换、作价补偿，或者产权调换和作价补偿相结合的形式”的三种形式中，它更重视“面积”和成本价，而不是市场价格。也正是在这种补偿机制下，随着旧城改造的深入，拆迁户和政府、开发商之间的纠纷越来越多，城市中因为拆迁而引发的冲突也愈来愈激烈。

政府也注意到了这种变化。在 2001 年 6 月 6 日的国务院第 40 次常务会议上，原有的《管理条例》终于退出历史舞台，代之以新的《管理条例》。如果以现在的眼光来看，2001 年版的《管理条例》可以说是问题多多：行政强拆得到延续，公共利益没有界定，财产征收与拆迁许可混为一谈……即便如此，这个《管理条例》还是有着明显的进步：首先，拆迁当事人的利益得到了更大的重视，“维护拆迁当事人的合法权益”被放置在了“保障建设项目顺利进行”之前。而在 1991 年版的《管理条例》中，“保障城市建设顺利进行”是先于“保护拆迁当事人的合法权益”。

其次，在征收补偿的价格确定上，2001 年版的《管理条例》规定了货币补偿的金额要“根据被拆迁房屋的区位、用途、建筑面积等因素，以房地产市场评估价格确定”，而摈弃了 1991 年版的单纯的面积和成本计价方式，换句话说补偿机制从成本定价转为市场定价。正是这个补偿机制的变化，坊间甚至出现了“要想富，靠动迁”的说法。

但是，城市房屋拆迁户依靠拆迁致富的方式并没有在农村出现。相反，不少农民因为征地和拆迁，生活从小康陷入赤贫。是农村的基层政府更加贪婪，还是农村的开发商更加凶猛？在笔者看来，这并不是问题的关键。法律对被征收财产补偿价格的不当规定是最主要的因素。一个必须明确的事实是，虽然同样是属于房屋拆迁，但是由于中国土地的二元制度，农村的宅基地拆迁和城市房屋拆迁分属于两个不同的法律。当城市的房屋拆迁可以根据市场价值获得补偿时，而《土地管理法》却以原有用途为补偿标准限制了土地所有者获得土地在城市化过程中的增值收益；同时，《土地管理法》对宅基地的补偿标准几乎不作丝毫的规定，从而导致了官民双方对财产价值认定的分歧。我们注意到，去年以来的房屋拆迁悲剧，绝大部分是产生于对“宅基地”价值的分歧，唐福珍案是这样，宜黄强拆惨案也是如此。

任何一个理性的人，都无法面对这样一个事实：政府征收自己的财产以亩为计价单位，而一转手之后却是以平方米获得土地收益。如果这样的补偿机制未能理顺，即便是再为公开的程序，最为独立的司法机构也无法平息原有财产所有者的愤怒。更加让人失望的是，这次公众翘首以盼的《国有土地上房屋征收与补偿条例》，回避了当下中国财产征收领域中最为重要也是最为棘手的如何对农村宅基地定价问题。

那些希望通过新版《条例》来避免宜黄强拆惨案的人可能要失望了，在新条例制定之后，原有的悲剧并不可能得到避免，甚至可能会加剧：地方政府为了在法律厘清这些模糊地带的财产价值之前，可能会以更为疯狂的手段来获得农民的土地。最近媒体披露的“建设用地增加挂钩”、“撤村设社区”和“土地换户籍”就是这个背景下的产物。

当法律实体存在问题的时候，指望通过司法裁决来获得正当性可能并不有效；甚至会引发更大的正当性危机：越是公开和中立的裁判，实体法的弊病就会暴露得越明显，民众的失望就会越大。将近20年的实践，城市房屋拆迁制度终于在程序和实体上走向合理性；那么农村的拆迁和农地征收制度将走向何处？我们期待理性的司法，但更希望实体的变革：农地也该以市场价值，而不是按其成本——也就是原有用途为补偿标准。唯有此，唐福珍们的悲剧才可得以避免。

［2010年11月28日］

复旦“黄山门”，出给所有人的伦理难题

◎吴庞梓

以复旦大学生为主的 18 名旅友，前往黄山“探险”，途中遇险，警察连夜上山救助，24 岁的警察张宁海不幸牺牲。张宁海烈士的追悼会和复旦学生的追思会，已经结束，网上的风波也会渐渐平息。但复旦“黄山门”，却如一道闪电照亮了社会的断层，揭示出在中国社会转型背景下的伦理争论：关于责任和权利、自由和放纵、公权和私权。

本次事件有很大的偶然性，如果警察没有意外死亡，这只是一则普通社会新闻；如果，仅仅是旅友遇难，也许复旦学生的公众形象不至如此不堪，甚至“探险者”还会被比附为当年北大山鹰社殉难的“登山英雄”。然而，公众潜意识里的逻辑没有实现，生生将一道伦理难题摆在大家面前：无事生非、懵懂无知的复旦学生没有死，一个年轻、尽职的警察却死了。其中的微妙之处，激发了全社会的思索。

首先，生命能否“计算”？关于这次黄山救险有着太多的“计算”，生命的本质却不允许“计算”，这是一个二律背反。

旅友遇险之后，向母校复旦求助，复旦再向安徽黄山警方求助。警方无疑承受着巨大的压力，于是数以百计的警察上山搜救，终于悲剧酿成。为救 18 人，能否牺牲 1 人？也许，

警方不是连夜搜救，旅友也会平安，却避免了张宁海的死；也许，拖延一夜的搜救，旅友会发生不测，谁来承担责任？生命能否“计算”？

最近，哈佛大学教授迈克尔·桑德尔的伦理学课程火暴网络。课程关于有轨电车失灵，司机是选择轧死一人，还是选择轧死多人的问题，引发了大家辩论的兴趣。其实那是伦理学的老生常谈，人类永远不可能给出一个正确答案。唯一正确的就是千万年来，人类通过如此的极端事件拷问灵魂、拷问生命。

30年前，大学生张华因救一名落入粪坑的老农而牺牲，曾引发当时社会关于生命价值的探讨。如今十多个复旦人的生和一个民警的死，再续了这一命题：生命是等价的，不能计算。一个人的死和矿难、地震里冷冰冰的一长串数字，有同样的生命价值。从这个角度看，张宁海一个人的死，给了我们更大的启迪。

其次，我们该如何行使自由？毋庸讳言，警察的公众形象并不佳。但，“黄山门”里年轻“无辜”的警察的死，却提供了一个无偏见的讨论公权与私权关系的视角。

政府提供救援服务，天经地义，警察殉职也算“求仁得仁”。但，公共资源不应被滥用。旅友缺乏专业设备，没有当地向导，临时发帖组团，又对天气变化没有足够认识，在雨雪季节里，在未开放的景区“探险”。结果，遇险之后，当地公安派遣了大量警力搜救，占用了极大的公共资源，其中张宁海还献出了自己的生命。有人认为“探险”是旅友的“自由”；但，那不是自由，那是对自己生命的不负责，也是对他人生命的不负责。成年人有自由选择权，但行使自由不能侵害他人的利益和公共利益，也不能不适当地占用公共资源。有负责任的政府的前提，是有负责任的公民。惟其如此，我们才能摆脱“感谢国家”和旅友“探险”恶意占用公共资源的两个极端，促进公权和私权的良性互动。

最后，我们应以怎样的道德标准衡量别人，约束自己？

复旦“黄山门”里引爆公众怒火的是所谓复旦人的“冷漠”。这种“冷漠”的证据有三个：其一是安徽某记者的描述，面对记者的追问，复旦人“重重地摔上了车门”之后离开了；其二是“夺权”言论；其三是“控制媒体”说。

关于第一条证据，复旦人的辩解是：一是与记者之前的沟通不愉快，二是那是中巴车，只能用力关门。至于后两条，说“夺权”的人并不是被救者杜彬，至于“控制媒体”的说法，更不是被救者所说，这两个证据明显与复旦人不懂得感恩无法“合榫”。但这样明显的逻辑问题，被集体“无意识”了。在一个 24 岁生命逝去的时候，的确有人应受谴责。但谴责的前提是以“同理心”待人，而不是居高临下做“道德帝”——不可以审判别人，免得你们自己被审判。面对人性的弱点，我们每个人都应谦卑和自省，否则张宁海的死，就会演变为一场无聊的道德口水战。

成熟的公民，会监督、鞭策公权，也要学会监督自己；享受自由，更应珍惜别人的自由；分辨是非，首先更是严于律己。张宁海死了，他以他的生命，给全社会出了一道伦理问题。

[2010 年 12 月 20 日]

公务车数量不能是笔糊涂账

◎马红漫

北京治堵方案征集民意工作结束。其间，对于网民普遍关注的“北京究竟有多少公务车”问题，有关部门表示“不便”或“无法单方披露”，并透露“这个问题很敏感”。

公务车数量居然会成为“敏感问题”而且无法披露，这注定会成为公共财政体制下的一个笑话。公务车所有费用开支全部来自财政资金，并最终由纳税人埋单，公众作为出资人本就拥有充分的权利获知相关信息，并据此来监督公务车的使用情况。但遗憾的是，有关部门却以三缄其口的态度作为回应，是为对民众基本知情权利的漠视，也加剧了外界对公务车滥用问题的猜测与质疑。阳光才是最好的防腐剂，制度修正才是让公共财政监督落实的关键。面对有关部门三缄其口的态度，必须要把公务车使用状况全盘透明地摆在公众面前，才可能切实保护好纳税人的利益不受侵害，也才能够让交通治堵不会成为下一个“国进民退”的领域。

今年以来，北京相关部门与央视分别对该市公务用车数量进行了披露，两组时隔半年的数据却大相径庭：前者认为是4.9万辆；而后者则称北京公务用车已达70万辆，占本市机动车总量的近15%。北京市公务车的真相究竟如何，至今外界难有定论，但坊间对于公务车私用、耗费无度的诟病却从未停止。公务车在加油、维修中虚开发票的现象时有发生。有媒体披露，一些单位一辆公务车一年仅维修费用就高达10万元以上，甚至有的公务车一年换了40多个轮胎，平均每周换一个，其中漏洞可想而知。公务用车本是为了提高公务员工作效率，但却蜕变成为部分官员与司机们的“灰色福利”。更重要的是，北京市治理交通拥堵综合措施征求意见稿中明确提出，“十二五”期间北京市各级党政机关、全额拨款事业单位不再增加公务用车指标。但是相关数据如此模糊，公众连公务车数量都无法搞清，那么又如何能够证明“公务车零增长”政策是否落实？信息知情权的缺位必然会导致监督权的落空。

关于公务车监管问题，在海外早已经形成了规范的体制。美国等发达国家通过权力上收、信息透明、严厉惩戒等举措成功化解公务车滥用的难题，值得我们认真借鉴。在美国，公务车购置、维护、修理等费用均被纳入政府当年的预算管理，须经同级议会批准了才得以成行。各个部门的采购公务车申请被批准之后，由总务局统一采购。因为这种“团购”方式，公务车的团体采购价格往往比市场平均价格低20%～30%。而且美国政府公务车数量受到严格控制，联邦政府一个上千人的部，公务用车往往只有几十辆，除了美国总统、国务卿等少数顶级官员拥有公务车使用特权，其他高级官员包括多数部长、州长上下班都开私人汽车，只有参加公务活动时才可以用公务车。与此同时，美国政府对公务用车情况进行严格的记录和保管，以保证公务员一旦滥用公务车，就会马上被发现、查处。一个典型的案例是，威斯康星州公务员西蒙·勒尔斯因让太太搭乘自己的车去上班，结果被他人举报，随即被州府办公室扣去6个月的油耗津贴，停止6个月行使州经济法高级咨询师权力的资格，并作为一件"丑闻"记录在本人的信用档案里。如此对公务车使用的严谨态度，充分表明了对纳税人的尊重。

相形之下，我们的公务车制度管理仍然沿用计划经济时代的编制管理、标准控制、按需配给、单位所有的模式，且没有专门的法律予以严格规范。在现实执行中，往往由地方政府对自己的公务车使用进行规范，效力等级较低，约束力明显弱化。而且，我国财政等决算报告设计较为笼统，相关费用在经济建设支出、文化建设支出、机关事业经费支出等大框架下列支，极易让公务车滥用支出"藏身匿迹"，纳税人的外部监管由此虚化。所以，当下因北京治堵方案征集意见而再度被置于聚光灯下的公务车滥用问题，当尽早得到规制。其中的关键就在于对公务车的管理以法律形式固定下来，确保公务车的使用和管理有法可依；明确公务车配备的审批决策主体，由专门部门定期集中审批；取消目前地方政府对公务车的决定权，并将监督权真诚地交到纳税人手中，而公务车数量则不应再成为一笔"糊涂账"。

[2010年12月21日]

醉驾入罪岂能区别对待

◎五岳散人

曾经“刑不上大夫”算是一个优良传统，后来这个传统没有完全继承。据《新京报》报道，最近全国人大常委会审议“醉驾入罪”的时候，有的委员对此有不同意见。有人认为，醉驾即入罪，而国家公职人员在犯罪后一般都会面临开除公职的处分，这样对公务员来说“后果很严重”。也有人认为，公职人员更应模范遵守法律。

如果这话不是断章取义或者杜撰的话，倒是说明了很多东西。首先，这说明公务员醉驾还是挺严重的。这当然不是新闻，在如此多的“三公消费”之下，多喝两杯是必然的事儿。而现在公务员们的座驾也已经很普及，“三公消费”当中的公款吃喝与公车碰到一起了，要是不产生高于其他阶层的醉驾人数，怕是也对不起每年这几千亿元的浪费。

其次，公务员配司机还是不够普遍，或者是很多有权力喝酒的公务员至少在某些情况下不希望使用司机。这当然算是好事儿，至少省了不少公帑。而这事儿的坏处在于，经常有机会让我们欣赏到“我是某某人”的闹剧，以及公务员子女“我的爸爸是李刚”的悲剧。前段时间还有个事儿，某人是公安局长的侄子也用过这个句式了。看来有权力的公务员旁支亲属也正在被庇荫的路上，算是已经得了当年有皇帝时候的神髓。

“醉驾入罪”这件事其实也是有很多争议的。有委员从自己医学专业的角度说明，每个人对酒精的耐受度不同，单一地以血液中酒精含量为标准未必合适；而也有法律界人士认为，醉驾入罪虽然是体现对于生命的尊重以及打算治理酒驾的决心，但如果并未造成损失就一概以《刑法》入罪，有严刑峻法的重刑主义色彩，似乎有所不妥。但无论从哪个方面来说，“醉驾入罪”这件事应该在一个公平的层面上进行，而不能说在执行上有所侧重。

虽然我们相信表达如此惊世骇俗“不同意见”的委员只是少数，而且这种堂而皇之对于法律精神藐视的意见不会得到通过，但有时候不得不表示一下担心，这个担心可以用这样一个句式来表达：“你是替官员说话，还是替民众说话?”试问，哪怕您原本的社会角色是官员，到这里来也算是人大代表，是代表一方民众而来的，说出这样的不同意见，难道真的就没觉得有点儿脸红么?

但我估计他这脸上红晕是表露不出来的，能说出这样的话，基本上就会失去这样的功能，而在目前的状态下，应该说他的话已经表达了自己的真实思想：官民两者之间是有差别的，而这个差别是要体现出来的。

从种种迹象看，中国社会当中的阶层差别不但早就形成，而且已经有愈演愈烈、越来越固化的趋势。这种官民之间阶层的差异与固化表现在两点上。首先，我们看到越来越多的官员子弟进入公务员队伍，权力有代际传承的趋势，而这种代际传承一旦达到某个数量级，就等于官员阶层从血缘上封闭了。其次，就是这种从意识上认可的区别对待。

后者比前者更为明显地标示出官员阶层那种已经渐行渐远的价值观，以及那种越发高涨的特权意识。如果说官员的子女大批进入公务员阶层还多少有些借口的话，这种意识的明目张胆则到了令人忧心的地步。这种情况要真是任其发展下去，谁敢说“刑不上大夫”的时代不会再次回来呢？

［2010年12月23日］

“和解门”后不只是一个李刚

◎刘洪波

河北大学车祸案民事部分和解，终于有了稍微具体的报道。从《齐鲁晚报》12月26日刊登的调查看，虽然看起来记者似乎未能拿到协议文本，但毕竟获得了“和解”的部分细节。

令人感兴趣的细节包括：和解是“上级要求”；签订协议时“村里的，乡里的，保定的，石家庄的，好多人都在”，这些人要求尽快签字，而肇事方家人不在场；“和解”有“双方不能再联系，不能接触记者”的内容；“和解”后受害方与代理律师解除代理合同；“和解”费用46万元，待事情平息后才能交给受害人家属。

现在，受害方陈家已经拿到了46万元协议赔偿。这就是说，双方不联系和陈家不接触记者、与律师解约等已经做到，而且事情也被认为已经平息。

保定警方前几天还在严正否定传言，指民事已经和解，刑事尚在审理。“事情平息”才能支付到位的46万元已经交割，肇事方怎么会得出“事情已经平息”的判断呢？难道他们对审判结果抱有信心？难道他们知道围绕此事将不会再有舆论的关注？

一起醉驾导致的车祸，牵出“我爸是李刚”的社会背景，引出“恨爹不成刚”的社会讽喻。而一面否认权力在背面运作，一面连“和解”也逃不脱被迫的定数，也再次加固了人们基于生活经验对社会治理和法律执行的负面判断。

阳示公开公正，阴使权力魔手，大概不只是铺平肇事者得到较轻处理的合法道路，而且意在“不扩大事态”，为相关地方承受的舆论压力松绑，并且让人们相信事情要通过而且能够通过正当途径和法律得到解决，从而恢复权力和法律的形象。

多方面的意图搅在一起，使人很难判断哪些行为是基于肇事方的私人意图，哪些行为是基于权力维护自身形象的努力。然而，阴影重重的事件处理，除了达到肇事方可能得到较轻处理的目的，不过是使治理的形象、法律的形象蒙上更重的尘垢。

车祸案件本身并不复杂，但车祸案件变成“李刚门”就复杂了。如果说，由车祸牵出“我爸是李刚”，一定程度上“李刚门”还只是显示人们对权力揳入案件处理的担忧。那么，和解过程则坐实了人们的忧虑，那就是权力果不其然地发挥了作用。由此，车祸案件不再是一个单纯的案件，它的处理成为权力作用的一个验证。而且所谓和解也不再是一次车祸的和解，而是一个新的事件，按照“门”造词法，这个事件应称为“李刚和解门”。

“李刚和解门”，既是“李刚门”的一个片段，也是“李刚门”由猜测变成确证的一个污迹。“李刚和解门”既是李刚或者比李刚更强的肇事方私人背景的显示，也是各种权力不知出于私谊、同门之谊、阶层之谊还是出于公共利益误判而干预事件进程的表现。

在和解中，车祸受害者一方再次受害，这次受害是公开、正当地表达和主张的权利被权力直接侵损。遭遇车祸属于不幸，遭遇权力侵损属于更大的不幸。车祸受害只是意外，而二次受害则是有意的；车祸受害无所谓屈辱，那是身体被人为的祸难摧毁，而二次受害乃是社会地位而导致，并且伤害人格与心灵。

“李刚和解门”，是车祸肇事者家属与所有相关权力，共同迫使车祸受害方家属接受一些条件，这些条件既有“双方不再联系”，以防受害方纠缠，同时要求受害方“不接触媒体”，从而避免了媒体的追问。车祸肇事方与公权力能够迅速走到一起，形成利益共同体，防备受害方和媒体。这就是当代生活的一幅画像。

河北大学校园不仅是发生了一次车祸，更是拉开了“李刚门”的一条引线。车祸案件，自有车祸案件的处理；而“李刚门”的加入，会使车祸案件不再被作为普通的车祸案件去处理。“李刚门”通过“李刚和解门”而昭然呈现，而且更深刻地揭示了权力的协同作用。

车祸事件使一个家庭破碎，又由于“和解”而使这个家庭意见分离、感情分裂。这个车祸事件同时使社会产生挫败感，显示权力与社会加速度地反向而行。“李刚门”的后面，站立的不只是一个“李刚”，更是一个与加害者同在的团队。这就是“李刚门”透露的信息。

［2010年12月27日］